『한 줄기의 연기』처럼 살다 간 이덕영 시인, 서지적 연구 자료

이덕영 시 연구

사단법인 문학사랑협의회
리 헌 석 편저

오늘의
문학사

목차

제4편 이넉영 시와 시조 읽기

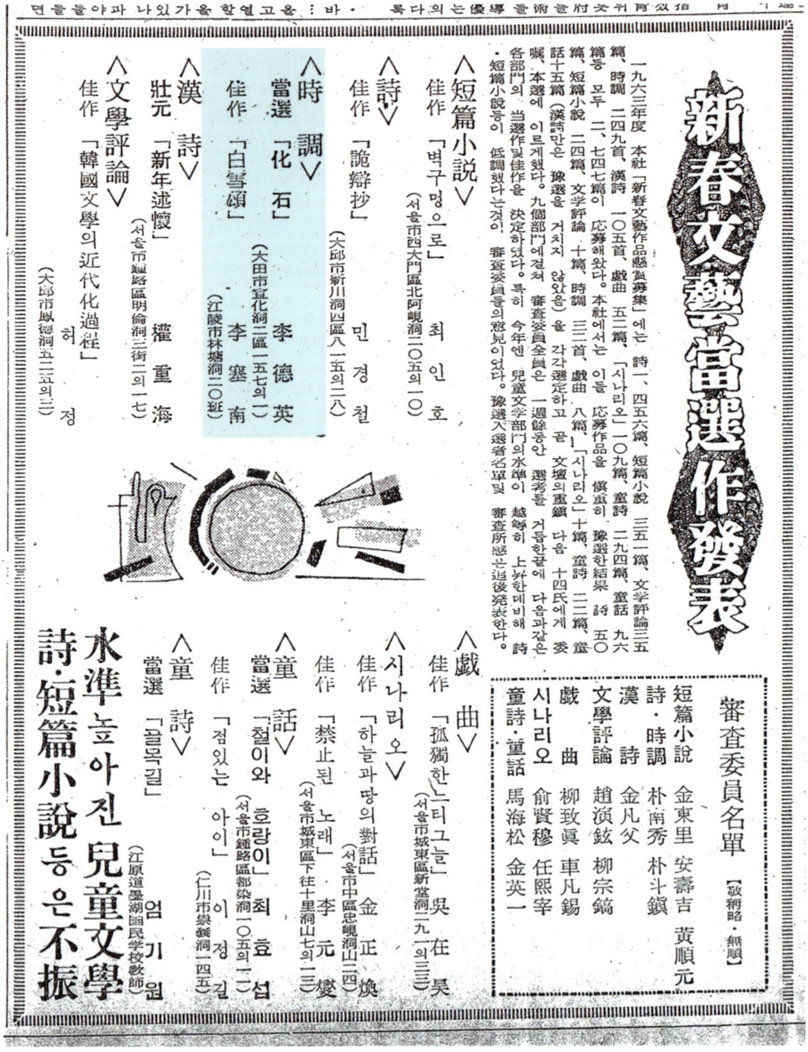

新春文藝當選作發表

一九六三年度 本社「新春文藝作品懸賞募集」에는 詩一、四五六篇、短篇小說 三五一篇、文学評論三五篇、時調 二四九首、漢詩 一〇五首、戲曲 五二篇、「시나리오」一〇九篇、童詩 二九四篇、童話 九六篇등 모두 二、七四七篇이 應募해왔다。本社에서는 이들 應募作品을 愼重히 豫選한結果 詩 五〇篇、短篇小說 二四篇、文学評論 十篇、時調 三三首、戲曲 八篇、「시나리오」十篇、童詩 二二篇、童話十五篇 (漢詩만은 豫選을 거치지 않았음)을 각각選定하고 곧 文壇의重鎭 다음 十四氏에게 委囑、本選에 이르게됐다。九個部門에걸쳐 審査委員全員은 一週餘동안 選考를 거듭한끝에 다음과같은 各部門의 当選作및佳作을 決定하였다。특히 今年엔 兒童文学部門의水準이 越等히 上昇한데비해 詩·短篇小說등이 低調했다는것이 審査委員들의意見이었다。豫選入選者名單및 審査所感은追後発表한다。

〈短篇小說〉
佳作「벽구멍으로」 최인호 (서울市西大門區北阿峴洞二〇五의一〇)

〈詩〉
佳作「詭辯抄」 민경철 (大邱市新川洞四區八一五의二八)

〈時調〉
當選「化石」 李德英 (大田市宣化洞二區一五七의二)
佳作「白雪頌」 李塞南 (江陵市林塘洞二〇班)

〈漢詩〉
壯元「新年述懷」 權重海 (서울市鍾路區明倫洞三街二의一七)

〈文學評論〉
佳作「韓國文學의近代化過程」 허정 (大邱市鳳德洞五二五의三)

審査委員名單【敬稱略·無順】

短篇小說	金東里 安壽吉 黄順元
詩·時調	朴南秀 朴斗鎭
漢詩	金凡父
文學評論	趙演鉉 柳宗鎬
戲曲	柳致眞 車凡錫
시나리오	兪賢穆 任熙宰
童詩·童話	馬海松 金英一

〈戲曲〉
佳作「孤獨한 느티그늘」 吳在昊 (서울市城東區新堂洞二九一의三三)

〈시나리오〉
佳作「하늘과 땅의 對話」 金正煥 (서울市中區忠峴洞山二四)
佳作「禁止된 노래」 李元燮 (서울市城東區下往十里洞山七의三)

〈童話〉
當選「철이와 호랑이」 최효섭 (서울市鍾路區都染洞一〇五의一)
佳作「점있는 아이」 이정길 (仁川市泉谷洞一四五)

〈童詩〉
當選「골목길」 엄기원 (江原道墨湖國民学校教師)

水準높아진 兒童文學 詩·短篇小說등은不振

『한국일보』 신춘문예 '時調' 당선작 발표 1963.01.01.

C【4】

새얼굴들

新春文藝當選發表

본사가 모집한 63년도 「신춘문예현상작품」의 총 응모수는 이미 보도한 바와 같이 二천八백三편이라는 작년의 곱수에 육박하는 것이었는데 그것을 각 부문별로 본사에서 예선한 결과 그 예선 「라인」에 든 수효는 다음과 같았다.

▲단편소설‖四一 ▲시‖二九 ▲희곡‖一五 ▲시나리오‖一二 ▲동요‖三三 ▲평론‖一七 ▲시조‖二八 ▲동화‖一六 ▲합계‖一九一편.

이상 예선된 작품은 본사에서 위촉한 열한분의 심사위원에 의하여 각 부문별로 예의 정선한 결과 당선작 八편, 가작 七편을 내었다. 당선·가작은 다음과 같다.

◇短篇小說〈當選〉 「荒野에서」 吳春子 〈忠南唐津郡唐津面彩雲里三八五〉

〈佳作〉 『失樂園』 裵文誥 〈慶北浦項市竹島二洞三의五七〉

◇詩‖〈當選〉 「나의 가장 슬픈 친구 이완 드트리·빗치」 申明釋 〈서울西大門區新村洞三一〉

〈佳作〉‖ 『당신께 드리는 나의 노래는』 李秀翼 〈서울麻浦區阿峴洞八五의五〇四〉

◇戱曲‖〈當選〉 「眞實의 흉내」 김경만 〈住所未詳〉

◇시나리오 (해당자없음)

◇評論 ▲文學‖〈佳作〉 『韓國文學의 새 課題』 全湖月 〈서울城北區敦岩洞山三〇의一三〉

▲美術‖〈當選〉 「傳統繼承의 姿勢」 吳光洙 〈江原道襄陽郡土城面天津里〉

▲音樂‖〈當選〉 「센베르그 音樂의 難解性」 金昌龜 〈서울東大門區踏十里洞一二의二九七〉

▲映畵‖〈佳作〉 『映畵에 그려진 靑春像』 尹興烈 〈서울大學校齒科大學〉

◇童話‖〈當選〉 「먼 나라의 눈」 李禧成 〈서울西大門區新村洞六六〉

〈佳作〉 『수현이와 옥진이』 李鍾憲 〈仁川市金谷洞五四〉

◇童謠‖〈當選〉 「낙하산」 尹斗赫 〈金海郡大德面沙德里四一四의七〉

◇時調‖〈當選〉 「門」 金錫圭 〈釜山市草梁洞八二八의一八〉

〈佳作一席〉 『꽃』 李德英 〈大田市宣化洞二區一五七의一〉

〈佳作二席〉 『菊花賦』 崔石晴 〈慶北江口港朝日産業會社內〉

〈審査委員〉 「詩·時調」‖李熙昇·朴斗鎭, 「戱曲·시나리오·映畵評論」‖吳華燮·劉致眞, 「童話·童謠」‖馬海松·姜小泉, 「評論」‖白鐵·金永周·朴容九, 「小說」‖安壽吉·金聲翰 諸氏.

『동아일보』 신춘문예 '時調' 가작 발표 1963.01.01

문학기행에서의 이덕영 시인

시비 건립날, 가족들이 함께

1976년도 시집 『한줄기의 연기』 출판기념회

(좌로부터) 한성기 시인, 안영진 평론가, 정훈 시인, 서정주 시인, (○○○), 이덕영 시인, (○○○), 원로시인들과 시화전 전시장에서

가족과 함께

자녀들과 함께

『한 줄기의 연기』처럼 살다 간 이덕영 시인, 서지적 연구 자료

이덕영 시 연구

사단법인 문학사랑협의회
리 헌 석 편저

오늘의 문학사

- 1960 ~ 1970년대 작품은 가급적 원문을 인용하였습니다.
- 일부 작품은 현재 맞춤법과 띄어쓰기를 따랐습니다.

일러두기

본문에 사용한 '>'표시는 연과 연 사이의 '빈 줄'을 나타냅니다.

이덕영 시인의 발자취를 따라서

이덕영(李德英) 시인은 1942년 8월 8일 대전시 서구 원정동에서 출생하여, 대전공업고등학교를 졸업합니다. 고등학교 재학 시절에 4.19 혁명 정신을 기리는 작품을 창작하여 '머들령문학회'에서 개최한 '追悼詩祭'(산화한 영혼을 기리는 시낭송의 밤)를 지낼 때 낭독한 바 있고, 같이 낭독한 그 작품들을 중심으로 1960년에 발간한 『焚香』에 「落花의 가슴에」를 발표합니다.

피 묻은 총부리 앞에 이슬져 사라진
영혼을 마주하여 먼 날의 눈을 들고
기도를 하노니,

숨 막힐 듯 비좁은 창문은 열렸고
무겁던 어둠도 사라졌는데
피가 고인 우리들의 행로 위엔 못다 핀
꽃잎들의 슬프게 싱싱한 가슴들이
잠들어 있다.

— '분향' 수록 「落花의 가슴에 2」 일부

'머들령문학회'는 당시 충청남도 대전시 안에 있는 고등학교 문예

반 학생들의 연합체입니다. 대전고등학교, 대전사범학교, 대전공업고등학교, 보문고등학교, 대전여자고등학교, 호수돈여자고등학교 등의 학생들이 참여한 문학단체입니다. 素汀 丁薰 시인이 지도 시인이었고, 그의 장남 정병우(丁迅 문학평론가) 선생이 실제 지도를 하였다고 윤충 시인이 증언한 바 있습니다. 素汀 선생으로부터 칭찬을 받은 姜信本 12편, 尹　忠 12편, 李德英 13편 등으로 3인 시집『太陽을 안고』를 1961년에 발간합니다. 이때 丁迅 시인이 실무를 맡았었다고 전합니다.

승화한 記憶의 주변에
잠들어 있는 碑文을 두고
꽃방울을 떨쿠던 하얀 꽃밭 뒤로

눈은
마지막 층계를 오르며
찢기운 깃폭을 휘날려야 하는
항시 서러운 노래였다.

— '이덕영 시'「눈」일부

이덕영 시인은 고등학교를 졸업한 후 서울의 '서라벌예술대학'에 진학하여 본격적인 문학 창작 수업을 받습니다. 그의 서울 유학은 당시 서울과 지방의 격차를 뛰어 넘는 계기로 작용합니다. 재학 시절인 1963년《한국일보》신춘문예에 시조「化石」이 당선되고, 같은 해《동아일보》신춘문예에 시조「꽃」이 가작으로 입선되어 대한민국 문단에 눈부시게 등장합니다. 심사위원 박남수 시인과 박두진 시인은 '심사평'에서 <「化石」은 아름다운 作品이다. 形式에 매이면서도 自由롭

게 언어를 다루는 솜씨가 凡手가 아니다. 時調의 리듬이 구겨지지 않고 일관하여 흐른 것도 높이 平價해 좋을 것이다.〉라는 극찬을 받습니다.

가슴 안 흐늘진 곳
침몰하는 꽃이 고와
포성이 울다간 날
산굽이 노을 젖듯
혈맥에
아픈 音樂으로
불 지피고 날은 새.

— 당선 시조「化石 〈1〉」 전문

서라벌예술대학을 졸업한 이덕영 시인은 고려대학교 국문과를 수료한 후, 충청남도 공무원으로 임용됩니다. 당시 충남 도청이 대전시에 있었기 때문에 시인은 대전에서 문학활동에 참여합니다. 역사가 깊은 '호서문학회'에서 1974년에 발간하는 '湖西詩選'에 작품을 발표합니다.「처음과 끝」「눈을 맞으며」「금오산에 가서」「왜 그렇게 밝았었는지」「그러나 오늘은」 등에서 시어와 비유를 통해 발현되는 '순수한 서정'을 그려내는 탁월한 재능을 선보입니다.

全能한 척하는 괴로움을 풀어내고
썩은 이빨 아래 묻힌 거짓말을 닦아내고
저기 피어나는 꽃을 아직 사랑하지 못한다.
그러나 오늘은

서로의 가슴 속에서 번쩍이는 따뜻한
하나의 힘이 보인다.

어머니의 주름진 손에서 끓여지는
된장이 보인다.
— '호서시선'「그러나 오늘은」 일부

이덕영 시인은 같은 시기에 순정한 시심을 동시로 풀어냅니다. 충청남도 아동문학의 嚆矢라 할 수 있는 '충남아동문학회' 창립 회원으로 참여합니다. 1974년에 발간한 회지『푸른 메아리』1집에 동시「가을 기차를 타고」「창을 열어주는 이」「여름」을 수록하였고, 1976년에 발간한 회지『푸른 메아리』2집에「강물」「꽃과 별」「꿈길」을 수록합니다. 필자 리헌석과 이덕영 시인과의 인연은 충남아동문학회를 통하여 이어집니다.『푸른 메아리』2집에 같이 참여한 것은 물론, 한글학회 충남지회와 대전아동문학회가 공동으로 추천하여 시상하는 1976년 10월 9일 '한글발전 유공상'을 유종슬 이덕영 이헌석 3인이 수상한 바 있습니다. 아동문학 작품에서도 이덕영 시인은 눈부신 형상력을 발휘합니다. 감상하는 작품은 시인의 첫 시집에도 '시'로 수록되어 있습니다.

모르는 아이가 손을 흔든다.
어릴 적 고향이 코스모스 꽃잎에 묻혀
차창에 밀려든다.
가을 기차 소리가 멀어져 가는
그 끝마다 파란 하늘이 뚝뚝 떨어진다.
산 꼭대기로 흘러가는 강물

강 속으로 솟아 오르는 산
그러한 눈을 가진 누이의
참 슬픔이 노을이 되어 무너진다.
가을 기차를 타고 나도 찬 손을 흔들면
가슴 안으로
갈꽃처럼, 구름처럼 희게
무너지는 별이 보인다.
세상에서 가장 깨끗한 눈물이 보인다.

— '푸른 메아리' 1집 「가을 기차를 타고」 전문

이 무렵인 1976년에 이덕영 시인은 첫 시집 『한 줄기의 煙氣』를 발간합니다. 이 시집의 '序'에서 조연현(趙演鉉) 선생은 이렇게 말합니다. 〈이덕영씨는 1963년도의 신춘 현상문예 모집 한국일보에서 작품이 당선되었고, 동아일보에서는 입선을 했다. 당선과 입선의 차이는 극히 주관적인 유동성을 지닌 것이라고 생각할 때 일거에 두 신문에 그의 작품이 등장될 수 있었다는 것은 그의 詩的 역량과 그 水準을 말해 주는 것이 아닐 수 없다.〉 〈그 이후 十有餘年 동안 그는 문단권 외에서 조용히 자신의 詩業을 정진시켜 지금 그의 最初의 詩集을 낸다. 早急한 사람 같으면 그 동안 벌써 2~3권의 시집도 낼 만했겠지만 그는 文壇的인 志向보다도 자신의 세계를 구축하는 문학적인 志向에 더 많이 자신을 닦고 길러 왔다. 이러한 그의 문학적인 자세는 누구에게나 好感을 가져다 주었을 것으로 생각한다.〉 이 시집에는 이미 발표되었던 詩와 童詩도 수록되었으나, 신춘문예 당선작품 등을 포함한 시조가 수록되지 않았습니다. 시집에 수록된 첫 작품을 같이 감상하기로 합니다.

江이 조용히 빛나고 있었다.
江가에 가득한 밀밭 위로 바람이 넘치고 있었다.
흰 모래톱에 던지는 돌 팔매.
하늘 위의 몇 마리 새들과
無心한 물결이
빈 가슴에 들어 와
어둠을 허물고 있었다.
키 큰 밀밭 사이로
지난밤의 하찮은 不眠이
구름처럼 사라져 가는 것이 보였다.

— 1시집 「新灘津」 전문

이덕영 시인은 시 창작에도 열중하였지만, 道廳 공무원으로, 때로는 國會 공무원으로 寧日을 가지지 못하였을 터입니다. 그리하여 병마와 다투던 중 1983년 11월 10일, 41세의 나이에 세상을 떠납니다. 여러 지면에서 시인을 추모하였고, 10년 후 1993년에 遺稿詩集 『푸른 것이 더 푸른 날』을 발간됩니다. 박명용 시인은 '해설'에서 <유고시집에는 『한 줄기의 煙氣』가 나오기 전인 60년대 후반에 썼던 것과 그 이후 틈틈히 써 지상에 발표했던 것, 그리고 미발표작 등이 실렸다.>고 밝히고 있습니다. '한밭시인선 11'로 선생을 기리는 이 시집의 작품들은 동료와 후배들의 가슴에 아름다운 시혼을 나누어준 작품들입니다. 제목을 삼은 작품을 같이 감상하기로 합니다.

눈이 맑은 우리나라 사람들아
머리칼에 부딪는 바람을 풀어내려
서로에게 바쳐지는 추억을

나누어 소유하고
더 질긴 끈으로 퍼 올리는 샘물
손발을 닦고 세수를 끝마치고
이제 우리 서로의 가슴에 희망을 색칠하면
오늘은 푸른 것이 더 푸르고
맑은 것이 더 맑고
높은 것이 더 높은 날
아득한 하늘까지 살갗에 넘쳐 있구나.

— 2시집 「푸른 것이 더 푸른 날」 일부

이후 박명용 시인이 주선하여 1995년에 '대전출신 작고 문인연구'가 한국예총 대전광역시지회에서 발간합니다. '이덕영 시인편'에는 김용재 시인, 김완하 시인의 평론이 수록되었고, 첫 시집의 원형갑 선생 해설이 재수록되어 있습니다. 시 작품은 「貨物」 「新灘津」 「진달래는 피어서」 「化石」 등이 수록되어 있습니다. 시인의 대표작으로 일컫는 「진달래는 피어서」를 같이 감상합니다.

실안개 날으는 산 등성이에
목이 쉰 진달래가 피어 있었지.
꽃잎마다 서럽게 묻어 있는 두견새
울음.
진홍으로 가슴에 물이 드는 향기를
치맛자락 가득히 누이의 배고픈
손등으로 캐내며
빈 하늘 젖어 있는 진달래를 보았지.
철 지난 옷자락에 맺힌 한숨이

올올이 풀려나와 남긴 자취에
혼곤한 잠이 들어서, 길이 트여서
축축히 웃는 눈가에
먼 강물 소리가 밀리는 것을
여린 등불을 켜 달고 글썽이며
글썽이며
반가운 소식처럼 한사코 매달리는
아픈 진달래가 피어 있었지.

— 작고문인연구 「진달래는 피어서」 전문

‘치맛자락 가득히 배고픈 누이’ ‘철 지난 옷자락에 맺힌 한숨’ ‘한사코 매달리는 아픈 진달래’ 등의 정서를 통하여 가난하게 살았던 당시 한국 민초들의 삶을 형상화한 작품에 가슴이 먹먹합니다. 이러한 자세로 이덕영 시인의 정서를 공유하기 위하여 후배들은 이덕영 시인의 작품을 연구하기도 하고, 시낭송을 통한 ‘시극’으로 새로운 생명을 되살려 내기도 합니다.

이덕영 시인의 작품을 연구할 수 있는 여러 자료를 찾아주신 이춘실 사모님(이윤소 시인)께 진심으로 감사드립니다. 원형갑 김용재 김완하 선생님들의 평설에 힘입어 본 연구는 바람직한 결과물을 생산하려고 노력하였습니다. 그러나 모든 일에 완벽을 기할 수는 없는 것이어서, 차후 부족한 부분은 채우고, 오류가 있으면 수정하면서 이덕영 시인의 시 연구에 작은 디딤돌이 되겠습니다.

끝으로 이 연구를 책으로 발간할 수 있게 도와주신 대전문화재단에 감사드립니다. 그리고 바쁘신 가운데 이덕영 시인의 자료를 찾아주시고, 편집과 교정에 도움을 주신 편집위원회 김영수 위원장님을 비롯한 위원님들 진심으로 고맙습니다.

2021년 12월 15일
사단법인 문학사랑협의회

편저자 리헌석 손모음

제1편

시집 발간 전,
이덕영 작품 찾아 읽기

1장. 『분향(焚香)』(1960년)의 서지적 개관

1. 앞표지

상단에 '追悼詩帖(추도시첩)'이라 표기된 것으로 보아, 별세한 분들에 대한 추모의 성격임을 알게 한다. 그 아래 제목 '분향(焚香)'이 서예작품으로 자리하고 있는데, 문학평론가 정병우(丁炳禹) 선생의 제자(題字)임을 목차에서 밝히고 있다. 정병우 문학평론가는 정훈 선생의 장자인데, 정훈 선생은 대전을 비롯한 충청권 문학의 선구자로 널리 알려진 분이다.

하단에 '머들령문학동인'이라는 단체의 명칭이 나온다. 대전 시내 고등학생들이 연합하여 결성한 단체 이름인데, 이 단체의 고문이 정훈 시인이다.

2. 속표지

시집의 제목을 그대로 옮겨 놓은 속표지가 아니라, 책의 성향을 확인하게 하는 속표지로 편집되어 있다. '4.19에 순국(殉國)하신 넋들을 위하여 이 가난한 시집(詩集)을 엮어 봅니다'라는 서술에서 <1960년 4월에 학생들을 중심으로 일어난 반정부 민주주의 혁명, 즉 4.19 학생의거>에서 산화한 젊은이들을 추도하기 위해 '뷔엔나' 다방에서 추도시제(追悼詩祭)를 지낸 다음, 그 작품을 중심으로 발간한 고등학교 학생 연합 단체의 시집을 입증하는 단서로 기능한다.

3. 목차(目次) <분향(焚香)>

시 제목과 지은이 이름만 적시하였을 뿐 페이지는 매기지 않았다. 목차에서는 제목과 이름에 한자가 쓰였는데, 작품이 아니어서 한글로 표기해도 무방하리라 본다.

표지 제자 - 정병우

젊은 영령들에게 - 정훈 선생

무언의 무덤 앞에서 - 곽문자

사월의 그날은 - 김기태

떠나가신 영혼들에게 - 길원옥

또 하나의 태양을 위하여 - 남춘희

푸른 넋들의 제단에 - 문동건

푸른 5월이 오기가지는 - 박광자

장한 이야기 - 송영웅

님이여 4월은 당신의 계절 - 심재봉

통곡 - 구중모

4.19의 일기 - 윤 충

가도 있는 님들에게 - 원도길

내내 길이 잠드소서 - 이연숙

낙화의 가슴에 - 이덕영

파도 - 이상문

장미는 피고 - 이귀자

성화 - 이문영

별처럼 진 꽃잎들 - 임선묵

후조의 마음 - 최경자

애가 - 박준수

편집후기

동인명단

작품의 수록 순서는 특별한 성향을 찾지 못하였다. 고등학교 교명 순서도 아니고, 참가자의 학년순도 아니며, 성명 가나다 순도 아니다. 서지적 연구는 사실 그대로를 정리하는 것이 타당하지만, 약간의 추론을 거치면 이해할 수 있을 듯하다. ① 제자를 쓴 정병우 선생, ② 고문 정훈 시인의 시, ③ 추도시제(追悼詩祭)에 참석한 곽문자에서 심재봉까지 8명, ④ 구중서(삽입된 이유 불분명). ⑤ 추도시제(追悼詩祭)에 참석한 윤충에서 최경자까지 10명, ⑥ 박준수(삽입된 이유 불분명) 등으로 정리하면서 이는 추론에 의한 것임을 밝힌다.

4. 머들령 문학동인의 모습(66쪽)

단기 4292년 12월 6일, 40여 명의 동인결성식을 시내 문화원에서 갖고 一人一技(일인일기)의 수확을 위하여 노력할 것과 문학을 통하여 인격 완성과 정신앙양에 힘써 건실한 하나의 인간이 되고저 丁薰(정훈) 선생님을 고문으로 모시고『머들령』문학동인회를 조직하였습니다.

아직은 학생문학동인의 활발한 활동이 없던 이곳에 40여 명의 글 쓰려는 학생들이 뜻을 같이 하려고 모인 것입니다.

이에 저희들은 昨(작) 12월 26일 今(금) 3월 20일 중도(중도일보) 대전일보에 단체 紙上投稿(지상투고)와 2월 27일에는 시내 '시온'예식장에서 '3.1문학의 밤'을 개최하여 동인상호간의 문학열 앙양과 아울러 각계의 환영을 받았습니다.

시내 '뷔엔나' 다방에서 追悼詩祭(추도시제)로 가신 님의 冥福(명복)을 빌었습니다.

5. 머들령문학 동인 명단(67쪽)

〈시분과〉

대고(대전고등학교) - 송영웅 김기태 원도길

대사(대전사범학교) - 남춘희 윤 충 이상문

공고(대전공업고등학교) - 이덕영

대여고(대전여자고등학교) - 곽문자 최경자 이건숙 이귀자

보고(보문고등학교) - 심재봉 구중모 강건기

호수돈(호수돈여자고등학교) - 박광자 길원옥

〈소설분과〉

대고(대전고등학교) - 이문영 조동훈 이효구 박태극

공고(대전공업고등학교) - 이종석 문동건 강신본

대여고(대전여자고등학교) - 박원영 김혜자 이금지 감계자

〈평론분과〉

공고(대전공업고등학교) - 이기부

6. 편집후기(68쪽)

이 나라의 자유를 위하여 우리와 유명을 달리한 어린 영웅들의 혼을 위로하고저 우리 20여 명의 문학동인들은 시내 '뷔엔나' 다방에서 '4. 19 추도시제'를 각계의 물심양면의 도움 속에 가졌습니다.

또한 이 날을 기념하고저 오늘 이처럼 과감히도 추도시집을 세상에 내어놓게 된 것을 우리 '머들령' 동인들은 함께 기뻐하며, 끝으로 이 시집이 나오기까지 염려해 주신 소정(素汀) 정훈(丁薰) 선생님께 감사드리며, 편집과 교정에 수고해 주신 동인 여러분과 충남의회주보사(忠南議會週報社) 여러분께 심심한 사의를 표합니다.

★ ★

원(願)컨데는 이 땅에서 슬어진 어린 영혼(英魂)들이시여! 이 가난한 시집(詩集)을 드리오니 기쁘게 받으시옵소서.

1960년 6월 6일

7. 판권(68쪽)

'편집후기'와 같은 쪽 하단, 4각형 안에 판권을 구성하였다.

단기 4293년 6월 5일 인쇄

단기 4293년 6월 10일 발행

〈焚香〉

200원(圓)

발행소 머들령동인회

인쇄소 세창출판사(世蒼出版社)

등록번호 4291. 6. 3. 번호 1057.

2장. 『太陽을 안고』(1961)의 서지적 개관

1. 앞표지

좌측 상단에 '詩集(시집)' 이라 표기되어 있고, 책 제목'太陽(태양)을 안고'는 필기체로 쓰여 있다. 우측에 긴 줄이 그어져 있고, 그 하단에 시를 쓴 3명의 이름이 한자로 '姜信本' '尹 忠' '李德英'이 명기되어 있다. 출판사를 비롯한 다른 기록은 없다.

2. 목차

일반도서와 달리 '목차'가 먼저 나오는데 아래와 같다.

3. 속표지

속표지는 겉표지와 동일하다.

4. 序

목차에는 '서문'이라 하였지만, 내지에는 '서'로 표기되어 있다. 소정 정훈 선생이 집필하였고, 내용은 아래와 같다.

詩(시)를 쓴다는 것은 옳게 착하게 아름답게 마음을 닦는 것일 것이며 淳化(순화)된 生活感情(생활감정)을 表現(표현)하는 필림이기도 한 것이다.

안으로 自己(자기)를 세우는 일이요 밖으로 人生(인생)의 指標(지표)가 될수 있는 일이어야 할 것이다.

이런 뜻에서 본다면 姜君(강군)이나 李君(이군) 尹君(윤군)의 詩(시)가 아직 으젓한 姿勢(자세)로 世上(세상)에 내 놓기가 躊躇(주저)되는 터이나 그러나 애띤(앳된) 情熱(정열)을 담은 고은 箱子(상자)일 바에야 왜 아름답지 않으랴.

더욱이 아쉬운 이 鄕土(향토)에서 燦然(찬연)한 별들이 아닐 수 없으며 君(군)들의 詩才(시재)와 努力(노력)이 大成(대성)할 것을 믿고 來日(내일)을 祝福(축복)하는 마음으로 몇 말 붙인다.

辛丑(신축) 秋日(추일)

素汀(소정) 丁 薰

5. 수록작품 제목

5.1 姜信本의 수록 작품 제목 보기(앞의 숫자는 쪽수)

1-「湖水」 2-「가을의 색갈」 3-「나팔꽃」 4-「山」 5-「시월」 6-「鄕愁」 8-「落花」 10-「狂人」 12 「거미와 문둥이」 14-「달」 17-「山머루」 18-「매아미」 등 12편이다.

5.2 尹忠의 수록 작품 제목 보기

19-「숨결」 21-「樹木」 23-「車窓과 對話」 25-「黃昏의 들길에 서서」 27-「歸路」 29-「生命의 掌」 33-「가을의 序曲」 36-「거울」 38-「얼굴」 40-「戀歌」 42-「安息祈願」 45-「비 오는 밤의 소리」 등 12편이다.

5.3 李德英의 수록 작품 제목 보기

47-「거울」 49-「눈」 52-「피리를 불며」 54「밤으로 가는 風景畵」 56-「가을」 58-「門」 61-「달」 63-「촛불」 67-「진달래」 86-「化石에의 姿勢」 71-「꽃병」 73-「나무」 76-「아무에게나」 등 13편이다.

6. 跋文(발문) - 79쪽

原稿紙(원고지)를 붙잡고 씨름하다 많이 울어도 보았다는 세 文友(文友)의 詩集(시집) 『太陽(태양)을 안고』가 發刊(발간)됨을 한 마음 되어 기뻐합니다.

4292년 12월 6일 素汀(소정) 丁薰(정훈) 스승님을 모시고 <머들령문학동인회>가 創立(창립)된 以來(이래) 남 다른 意欲(의욕)과 情熱(정열)을 갖이고 文學修業(문학수업)에 精進(정진)하여 數多(수다)한 受賞(수상)의 寶塔(보탑)과 함게 頭角(두각)을 나타내온 분들이라고 記憶(기억)합니다.

일찍이 林語堂(임어당)은 '이 世上(세상)에 多少(다소)의 藝術人(예술인)이나마 存在(존재)하기에 이 世上(세상)은 메마르지 않다.'고 말했습니다.

낳을 때부터 서리운 祖國(조국)의 歷史(역사)와 運命(운명)을 같이 했어야 했던 이 發芽(발아)詩人(시인)들의 그들이 가난한 周邊(주변)에 흩어진 아픈 記憶(기억)을 더듬어 거기 남겨진 그리움과 기다림과 戀慕(연모)와 그리고 노여움과 즐거움을 몽땅 실어놓은 金科玉條(금과옥조)의 다듬어진 이 詩集(시집) 한 卷(권)이 朔漠(삭막)한 이 社會(사회)의 기름진 滋養素(자양소)가 될 수 있고 사람마다의 가슴에 薰風(훈풍)을 불어넣을 수 있게 되리라 가늠하고 남습니다.

世上(세상) 사람들은 때로 詩人(시인)을 嘲笑(조소)합니다. 그리고 그 길은 艱難(간난)하기 그지 없다고 알고 있습니다.

이러한 온갖 嘲笑(조소)와 警戒(경계)와 冷待(냉대) 속에서 屈(굴)하지 않고 오히려 믿어운 矜持(긍지)와 더불어 健全(건전)한 反抗(반항)을 이어 온 荊棘(형극)의 里程(이정)— 勝利(승리)에이 길로 結實(결실)하게 된 데 對(대)한 讚辭(찬사)를 아끼지 않겠습니다.

바로 훗날 보다 맥차고 보다 實實(실실)한 廣場(광장)을 마련하기 爲(위)하여 더욱한 血鬪(혈투)가 繼續(계속)되기를 祈願(기원)합니다.

4294년 11월 11일
林仙黙(임선묵)

7. 三人(삼인)詩集(시집)을 내면서 - 81쪽

역겨운 呼吸(호흡)과 不可抗力(불가항력)한 生命(생명)의 몸부림을 鈍(둔)한 몸짓으로 說明(설명)하는 것입니다.

늘 웃음과 눈물을 交叉(교차), 彷徨(방황), 飽和(포화), 그리하여 칠뜨기의 오좁음과 어설핌이 마련한 작으만 뜰악입니다.

햇볕이 기려워 題(제)하여 <太陽(태양)을 안고>가 아무래도 熱風(열풍)을 우겨 당긴 셈인가 싶어 두려우나 그러나 沈默(침묵)을 씹기란 차라리 죽엄 같은 목마름이었기 때문입니다.

그런대로 그만한 收穫(수확)이 있을 園丁(원정)이면 하고 아직 慾心(욕심)이 커서 걱정입니다.

더욱 探索(탐색)하겠습니다.

丁薰(정훈) 스승님과 〈머들령〉 同人(동인)들에게 더 없는 고마움을 드립니다.

姜信本(강신본)
尹 忠(윤 충)
李德英(이덕영)

3장. 『한국일보』(1963) 신춘문예 시조 당선

1. 『한국일보』 신춘문예 '時調' 당선작 발표 1963.01.01.

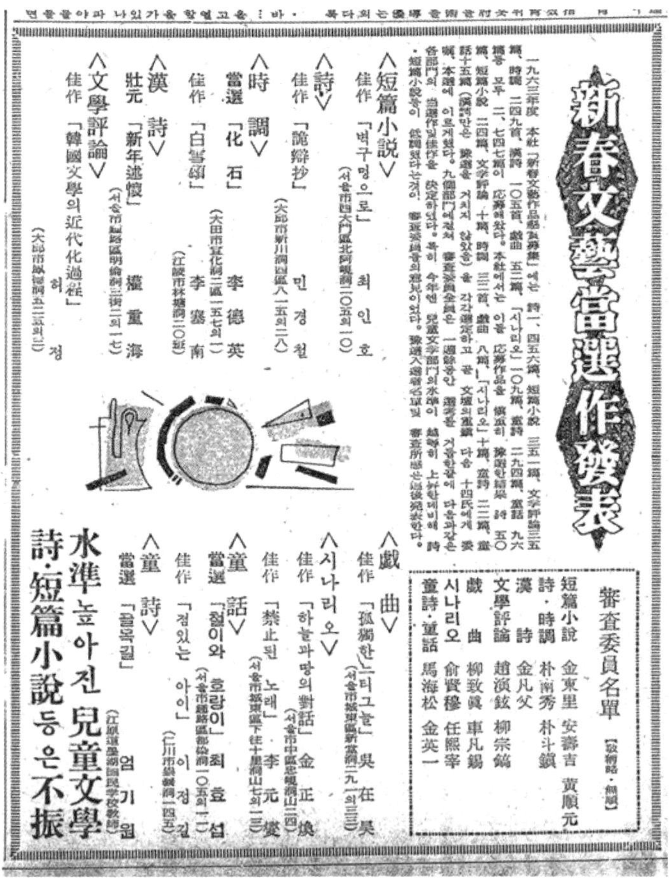

新春文藝當選作發表

一九六三年度 本社「新春文藝作品懸賞募集」에는 詩一、四五六篇, 短篇小說 三五一篇, 文學評論三五篇, 時調 二四九首, 漢詩 一〇五首, 戱曲 五三篇, 「시나리오」一〇九篇, 童詩 二九四篇, 童話 九六篇등 모두 二、七四七篇이 応募해왔다。本社에서는 이들 応募作品을 嚴正히 豫選한結果 詩 五〇篇, 短篇小說 二四篇, 文學評論 十篇, 時調 三三首, 戱曲 八篇, 「시나리오」十篇, 童詩 二三篇, 童話十五篇 (漢詩만은 豫選을 거치지 않았음) 을 각각選定하고 곧 文壇의重鎭 다음 十四氏에게 委囑, 本選에 이르게됐다。九個部門에걸쳐 審査委員全員은 一週餘동안 選考를 거듭한끝에 다음과같은 各部門의 當選作및佳作을 決定하였다。특히 今年엔 兒童文學部門의水準이 월등히 上昇한데비해 詩·短篇小說등이 低調했다는것이 審査委員들의 意見이었다。豫選入選者名單및 審査所感은追後發表한다。

審査委員名單 【敬稱略·無順】

短篇小說 金東里 安壽吉 黃順元
詩·時調 朴南秀 朴斗鎭
漢詩 金凡父
文學評論 趙演鉉 柳宗鎬
戱曲 柳致眞 車凡錫
시나리오 兪賢穆 任熙宰
童詩·童話 馬海松 金英一

〈短篇小說〉
佳作 「벽구멍으로」 최인호 (서울市西大門區北阿峴洞二〇五의一〇)

〈詩〉
佳作 「詭辯抄」 민경철 (大邱市新川洞四區八一五의二八)

〈時調〉
當選 「化石」 李德英 (大田市宣化洞三區一五七의一)
佳作 「白雪頌」 李寔南 (江陵市林塘洞二〇번)

〈漢詩〉
壯元 「新年述懷」 權重海 (서울市鍾路區明倫洞三街二의一七)

〈文學評論〉
佳作 「韓國文學의近代化過程」 허정 (大邱市峨嵋洞五三三의三)

〈戱曲〉
佳作 「孤獨한「티그놀」 吳在昊 (서울市城東區新堂洞三九一의三)

〈시나리오〉
佳作 「하늘과땅의對話」 金正煥 (서울市中區忠武洞山三四)
佳作 「禁止된 노래」 李元燮 (서울市城東區下往十里洞山七의一三)

〈童話〉
當選 「철이와 호랑이」 최효섭 (서울市鍾路區都染洞一〇五의一二)
佳作 「정있는 아이」 이정길 (仁川市鋪鎭洞一四五)

〈童詩〉
當選 「골목길」 엄기원 (江原道楊口郡國民學校敎師)

水準높아진 兒童文學
詩·短篇小說등은 不振

<심사평> '詩·時調'- 1963.01.04.

일보 西紀1963年1月4日

量에따르지못한質

本社 新春文藝 應募作 審査所感

詩·時調

詩 當選作 없어서 유감

小說

文學評論

거의 問題設定이 잘못

시나리오

主題는 意慾的이나 低調

'시 당선작 없어서 유감'

응모작품은 총 1456편이었지만 우리에게 넘어온 작품은 시가 50편, 시조가 32편이었다. 初選에서 엄선한 때문인지 평균수준은 비교적 높았다. 그러나 시에서 당선작을 낼 수 없은 것은 유감이었다.

詩에서 「詭辯抄」는 충분히 좋은 작품이었다. 기법도 새롭고 청신한 맛도 있어서 이런 작품이 어쩌면 沈滯한 詩壇에 新風을 불어넣을지도 모를 일이기는 하다. 그러나 무게가 가벼워 읽고 나서는 좀 허전하다. 또 엄격히 따지면 詩風도 이미 이런 분야를 시험한 일이 있었는 듯도 싶어서 當選作으로 밀기에는 좀 주저하지 않을 수 없었다. 앞으로 한層의 노력을 기울면 유니크한 작품을 쓸 것으로 믿어진다.

時調는 全體的으로 素材나 表現이 낡았다. 오늘에도 時調가 있어야 한다면 그것은 現代詩로서의 時調여야 할 것이 아니겠는가.

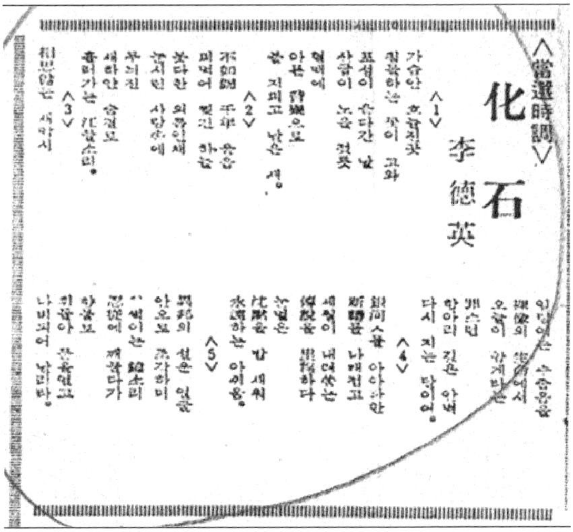

「化石」은 아름다운 作品이다. 形式에 매이면서도 自由롭게 言語를 다루는 솜씨가 凡手가 아니다. 時調조의 리듬이 구겨지지 아낳고 일관하여 흐는 것도 높이 平價해 좋을 것이다. 억지흠을 들어보면 〈不如歸 千年〉〈相思 앓는〉 등 좀 生硬하고, 〈4〉의 終行을 이루는 3행은 粗雜하다.

「白雪頌」도 아름답다. 그러나 「化石」에 비하면 좀 낡은 感이 있다. 흐르도 매끄럽고 말도 곱게 쓰고 있다. 그러나 좀더 素材나 表現이 〈오늘〉과 照應됐으면 하는 아쉬움이 있다.

朴南秀
朴斗鎭

〈당선 시조〉 - 이덕영 1963.01.04.

2. 『동아일보』 신춘문예 '時調' 가작 발표 1963.01.01

— 1963 동아일보 시조 가작 당선

C【4】

새얼굴들

新春文藝當選發表

본사가 모집한 63년도 「신춘문예현상작품」의 총 응모수 이미 보도한 바와 같이 二천八백三편이라는 작년의 곱수 육박하는 것이었는데 그것을 각 부문별로 본사에서 예선 결과 그 예선「라인」에 든 수효는 다음과 같았다.

▲단편소설=四一 ▲시=一九 ▲희곡=一六

▲시나리오=二 ▲평론=一七 ▲동화=一六 ▲동요=三 ▲시조=二八 ▲합계=一九一편.

이상 예선된 작품은 본사에서 위촉한 열한분의 심사위원에 의하여 각 부문별로 예의 정선한 결과 당선작 八편, 가작 七편을 내었다. 당선·가작은 다음과 같다.

◇短篇小說〈當選〉「荒野에서」吳春子〈忠南唐津郡唐津面彩雲里三八五〉

〈佳作〉「失樂園」裵文皓〈慶北浦項市竹島二洞三의五七〉

◇詩=〈當選〉「나의 가장 슬픈 친구 이반 드트리·빗치」申明釋〈서울西大門區新村洞三二〉

〈佳作〉=「당신께 드리는 나의 노래는」李秀賢〈서울麻浦區阿峴洞八五의五〇四〉

◇戱曲=〈當選〉「眞實의 흉내」김경만〈住所未詳〉

◇시나리오 (해당작 없음)

◇評論 ▲文學=〈佳作〉「詩人의 새 課題」全湖月〈서울城北區敦岩洞山三〇의一三〉

▲美術=〈當選〉「傳統繼承의 姿勢」吳光洙〈江原道襄陽郡土城面天津里〉

▲音樂=〈當選〉「쇤베르크 音樂의 難解性」金昌龜〈서울東大門區踏十里洞一二의二九七〉

▲映畵=〈佳作〉「映畵에 그려진 青春像」尹興烈〈서울大學校[illegible]科六學〉

◇童話=〈當選〉「먼 나라의 눈」李蔚成〈서울西大門區新村洞六六〉

〈佳作〉「수현이와 옥진이」李鍾憲〈仁川市金谷洞五四〉

◇童謠=〈當選〉「낙하산」尹斗赫〈金海郡大渚面沙德里四一四의七〉

◇時調=〈當選〉「門」金錫圭〈釜山市東萊區[illegible]八二八의一八〉

〈佳作一席〉「笑」李德英〈大田市宣化洞二區一五七의一〉

〈佳作二席〉「菊花賦」崔石晴〈慶北江口港朝日水產合社內〉

〈審査委員〉「詩·時調」=李熙昇·朴斗鎭、「戱曲·시나리오·映畵評論」=吳華燮·劉致眞、「童話·童謠」=馬海松·姜小泉、「評論」=白鐵·金永周·朴鍾九、「小說」=安壽吉·金聲翰諸氏.

〈심사평〉 -'詩·時調'- 1963.01.01.

量에比해 進展이없어…

<李熙昇>

質이나 量에있어서 금년은 豐作이다。그러나 작년보다 월등한 진전을 보였다고는 할수없다。金錫圭氏의「門」은 時調라는「장르」를 빌어서

가락으로 主題를 形象化해간 抒情의솜씨가 상당하다고 보았다。다만詩의 끝맺음에 더 알찬抵抗이 있어야 했을것으로 생각되며 이두편에對한 長點과缺陷을 지적하는데 두選者의 의견이 완전히 一致되었었음을附記해둔다。

현대적인 情緖와 感覺을 잘살피었다。미흡한 점이 있다면「리듬」이 좀더 부드러웠더면 하는 일이다。이 밖의 작품중에서도 아까운것이 많아서 丁德英氏의「꽃」과 崔石晴氏의「菊花賦」를 佳作으로 뽑았다。이 두作品은 難兄難弟의 훌륭한것이었다。時調에 있어서 이번考選의 기준으로 삼은것은 古典的인 형식이면서도 이것에 새로운 詩情을 담아낸 솜씨를 보았고 작품이 좋으면서 想이 낡은 것은 아깝지만 選에 올리지 않기로 하였다。그리고 한가지 꼭 말하지 않을수 없는 것은 時調의 기준형식을 너머도 離脫한 일이다。時調인지 新詩인지 분간할수 없는 작품이 많았다。近來時調作家로서 時調의 혁신을 부르짖는 나머지 형식을 깨뜨리는 일이 많지마는 이것은 결코 推奬할일이 못된다고 생각한다。破格時調란 斯道에 능숙한 다음에 멋을 부리기 위하여 취하는 길이다。새출발부터 이러한 破格을 취한다는 것은 時調의 正道를 걸어가는 일이라고는 볼수없다。

'개성과 높은 修練의 工度'

朴斗鎭

이희승

4장.『湖西詩選』(1974)의 서지적 개관

1. 표지

1974년에 발간된『湖西詩選』은 1972년에 발간한『湖西詩選』과 제목이 동일하다. 앞표지 상단 좌측에 '湖西詩選'이라 서예 글씨(월정 정주상 서예작품)가 세로로 쓰여 있다. 책등에는 같은 제목과 함께 '오광옵셋인쇄사'가 세로로 쓰여 있다. 뒷표지는 비어 있다.

2. 속표지

2.1 속표지 1 : 아트 용지에 인쇄되어 있는 속표지 1은 '湖西詩選' '續'이라 명기되어 있고, 글 쓴 이의 낙관이 날인되어 있다. '續'이라 쓰여진 것을 보면, 같은 제목의 책이 앞에 있을 것으로 추정되었고, 확인 결과 1972년 8월 25일에 '湖西詩選'이 발간되었다. 2년 만인 1974년 3월 25일에 '속편'을 발간하였고, 이어 1979년 11월 1일에『湖西詩選 三輯』을 발간하고 있음과 연계된다.

2.2 속표지 2 : 백상지에 인쇄되어 있는 속표지 2는 '湖西詩選'이라 하고 그 성격을 '補續版'이라 명기하고 있다. 이는 속표지 1의 '續'과 같은 의미일 터이다.

3. 目次

세로쓰기로 편집되어 있는 목차 우측에는 '題字-月汀 鄭周相'이라 쓰여 있고, 필자 이름과 작품 제목이 있고, 제목마다 페이지를 넣었다. 그러나 편의상 참가한 시인 이름만 기록하기로 한다.

丁薰, 朴喜宣, 元晩瑞, 宋錫鴻, 金康正, 金大鉉, 李敎鐸, 金永德, 白初, 崔文輝, 吳升均, 具湘會, 尹甲炳, 閔勇桓, 朴東圭, 申正植, 김용우, 유동삼, 尹富鉉, 金鶴應, 李德英, 金容材, 朱根玉 등의 작품 제목과 페이지가 기록되어 있다.

말미에 「湖西詩選」 補續版을 내면서- 朴喜宣, 宋錫鴻, 李敎鐸 263이 있어 편집 후기를 추정하게 한다.

4. 李德英 篇 (225쪽)

- '李德英篇'이라 세로로 쓰여 있다.
- 사진과 약력이 간략하게 정리되어 있다.

1942. 8. 8. 생

忠南 大德 產

高麗大學校 卒

公務員

大田市 公報室 勤務(現)

- 작품 제목만 간략하게 소개한다.

처음과 끝, 눈을 맞으며, 금오산에 가서, 왜 그렇게 밝았었는지, 그러나 오늘은, 등 5편

5. 湖西詩選 補續版을 내면서(263쪽부터) - 후기 형식

하늘에 별은 많다. 그러나 제 자리에 있으면서도 남의 눈에 함께 있는 것으로 보이는, 즉 이웃을 짜고 誼좋게 빛나고 있는 이른바 星座라는 것을 이루고 있는 별은 인간의 필요와 耆好(嗜好?)에 따라서 지극히 제한이 되어져 있다. 이에 비기고 돌이켜서 생각하여 볼 때 전 인류의 정신사뿐만 아니라 海東의 우리 땅 하늘 위에서 빛나고 있는

별과 같은 존재를 歷史上에 실재했던 人物들 가운데 느끼고, 그 분들의 그 때 그 자리에서 생활을 함께 하던 이웃들을 생각하는 일은 일종의 「피」를 느끼고 「마음」을 아끼는 「일」 찾기의 보람이라고 해도 무방하다.

이 〈일 찾기〉의 한 구체적인 보람을 겸손한 마음으로 의식하고 무엇보다도 자기 주변에서 함께 뜻·마음을 바로 잡는 일에 專心하고 있는 벗들을 서로 아끼고 존중하는 마음에서 모임을 가진 것이 비단 文學 同人들의 作業일 뿐이리요마는 우리가 處해 있는 이 二○世紀라는 인류사상의 한 운명적인 思潮·思流의 거침새 없는 사나운 물결에 휩쌓인(휩싸인) 時點과 現實을 분명하게 자각하고 그 중 가장 작고 외로운 이웃끼리 모임을 이룬 것은 그만큼의 절실한 그것에서였다.

이웃끼리 느끼는 마음이란 평범하되 서로 相磨 硏啄하는 길을 허락하기 이전의 그 뜻 가르마를 타던 結約이라는 것이 前提되고 있는 까닭 때문에 그 뜻은 보다 높고 그 정은 더 없이 깊어서 汝我의 허물을 느끼기를 자신의 살을 꼬집어서 느끼는 아픔으로 하고 그 損過를 두려워하는 마음은 마치 하늘 아래 밝혀진 알몸둥아리의 험집처럼 부끄럽고 두려운 것으로 여겨왔다.

乙酉 解放과 함께 이마를 마주대고 의논한 일이 그 이듬해인 1946년 2월에 성취되어 이 지역에선 처음으로 햇볕을 보게 된 同人詩誌 「冬栢」을 이어 「鄕土」 同人들과 함께 51년에 「湖西文學」 창간호를 갖게 된 이면에는 그 나름대로 역사 현실로서 避치못한 意氣의 발동이라는 것이 없지 않았다. 이 글에선 此에 대하여 彼의 입장에 서있는 남의 일에 可否는 피하겠거니와 다만 鄕土文學의 正統 三○年의 보람을 한[限大]껏 순결한 마음의 自負로써 자처하지 않을 수 없는 우리들의 뜻은 항시 傑潔하고 매웁지 않을 수 없었다.

이 지역에 순문학지로는 「百濟」가 있었고 종합지로는 「世風」 「現代」

「新聲」이 있었으나 모다 單券에 그쳤거나 各号마다 이름이 바뀌었다. 短命을 재촉한 저마다의 요인을 스스로 갖추고 있었다. 이런 상황 가운데 유독 湖西文學만이 三○年이란 짧지 않은 전통을 이어오게 된 까닭은 그 외로운 이웃끼리의 조출한 뜻맺음이란 자연보다도 더욱 자연스러운 운명적인 결합이기 때문에 그들의 현실과 그들의 友誼는 곧바로 하늘의 별에나 비길 수 있는 것이리라 하여 自愧한다.

「冬柏」초기의 同人 三人가운데 한 사람으로 또는 이 詩誌를 主幹했던 자로서 세 사람 가운데 한 벗을 저편에 잃었으나 그 때의 座長格이던 老先輩를 함께 모시고 이번 이 「湖西詩選」의 補續版에 글을 쓰게 된 榮光을 忠淸道 선비들의 淡高無邪했던 옛 뜻으로 돌려서 低頭 欣拜한다.

一九三年 晩雪
三淸艸舍에서
朴喜宣 志

「湖西詩選」(七二·八)이 當時 워낙 周旋하는 사람의 모자란 생각과 早急히 서둔데서 저지른 末治으로 하여 그 補完의 一環으로 續版을 서두르게도 했었다. 그러나 삶을 따라 뿔뿔이 흐터진 同人들의 狀況이 豫定된 期日을 半年이나 가까이 늦추게 했다.

이제 耳順을 저만큼 두고 知命의 언덕에서 얄팍한 一代 三O年 友情의 한 끝을 잊지못해하는 뜻이 그리 有標한 건 못되리라. 다만 새로운 젊은 뜻들이 같이 함으로 해서 「湖西文學會」 第二의 生이 門을 여는 因緣을 기리고 感謝해야 할거나.

健康이 고르지 못하신 中에서도 항상 貴한 時間을 割愛하여 주신 藏菴 老 先輩의 다수운 사랑을 받은 일, 그리고 素汀 老 先輩의 정정한 文學 詩境을 펼쳐 주신 老益壯하심과 함께 後輩 同人들의 慶福이 아닐 수 없다.

더 하나 그 동안의 「湖西文學會」 걸음새를 많이 散帙된 대로나마 資料를 찾고 모으는 일에 具 湘會 · 申 正植 · 金 鶴應 · 金 容材 諸 同人의 힘을 입었다. 嚴冬을 녹이는 열과 성으로 集册된 일을 반기지 않을 수 없다. 이에 따르는 「小史」 發行이 또 性急한대로 적혀지는 未洽을 부끄러워한다. 이는 資料 蒐集의 萬全을 기다려 完册했어야 할 作業이었으나 다음을 期待하는 어리석음에서였음을 밝혀 둔다.

寶文山의 山 비탈에서 孤絶을 지켜오는 全 汝海 同人이 本版에까지 沈默을 하는 純節은 同人들에게 文學精神에 對한 채찍질이 되었으리라 짐작한다.

그동안 公務 執行의 繼續的인 輻輳로 이 자리를 같이하지 못하는 洪 峰 同人이 서운함을 提訴해 오는 우리의 아픔도 또한 크다. 이와 함께 끝내 居所를 밝혀내지 못한 姜 薰求 同人이 차지할 빈 자리를 못내 안타까와 하며 다음 언제 어떤 因緣으로나 미루어야 하는 사람의 限界같은 力不足의 느낌도 없지 않다. 어떻든 여러 사람의 恩寵으로 이 續版이 出產하는 所緣을 곧 바로 받아들이고 우리 모두 이 고마운 世上에 報恩의 마음 씀을 잊지 않고져 할 뿐이다.

끝으로 이번에도 멀리 서울에서 月刊 「書藝」로 書道 藝術의 振作中興에 力鬪하노라 바쁜 삶 속에 있는 月汀 鄭 周相 (創作同人)의 고운 뜻이 本版에 揮毫로 點靑된 고마운 마음을 우리는 새삼 공손히 두 손 모아 절을 한다.

아울러 犧牲的으로 印刷를 맡아 애쓰신 明文社 申 昌均 社長님 및 함께 일하여 주신 여러분들의 두터운 뜻을 享受하는 過分함을 그저 넘길 수 없어하는 것이다.

一九七四年 芝春

宋錫鴻

李教譯 識

6. 판권

- 세로 쓰기, 서술형으로 판권을 정리하였다.

「湖西詩選」 1974년 3월 25일 인쇄 1974년 3월 30일 발행 저작 대표 송석홍 발행 이규진 오광인쇄사 대전시 중동 22번지 전화 2국 4832번(출판등록 사 12의 57호) 제판인쇄 제본 신창균 명문사 대전시 삼성동 355번지의 57호 전화 2국 4831번 1000부 한저어판 頒價 1200원

판권 인장 날인하는 사각형은 있지만 공란이다.

5장. 『푸른 메아리』(1974) 1집의 서지적 개관

1. 표지

1.1 앞표지

상단 좌측에 '충남아동문학회 편'이라 표기되어 있다. 상단 우측에 녹색 바탕에 흰 글씨로 '푸른 메[아리' 와 흰 바탕에 녹색 글씨로 '제1집'이 표기되어 있다. 하단 우측에 '농경출판사'라 출판사를 명기하고 있다.

1.2 책등

상단에 '푸른 메아리', 중앙에 '제1집', 하단에 '충남아동문학회'라 표기되어 있다.

1.3 뒤표지

전면 광고로 채워져 있다. '한미석유상사(대표 박홍길)' '동본문화사' '동본서림(대표 김주팔)' 등인데, 동본서림의 김주팔 대표는 1989년부터 작고할 때까지 '대전문인협회' 후원회장을 한 분이다.

1.4 표2(앞표지 안쪽)

'민중서림(대표 김만종)' 광고이다. <전교과서를 총망라한 고입 대입 학습 참고서 - 뉴우 스터디 북> <고입합격 예상문제집 시리이즈> 등의 문구가 표기되어 있다.

1.5 표3(뒤표지 안쪽)

'계몽사' 광고이다. '튼튼한 몸은 시원한 바다에서, 알찬 슬기는 계몽사 도서에서'라는 슬로건을 내걸었다. '계몽사'는 이후에도 회지 발간에 도움을 주었다고, 창립회원 김영수 아동문가가 증언 및 회고한 바 있다.

2. 속표지

상단부터 '푸른 메아리' '제1집' '컷' '충남아동문학회'가 표기되어 있다.

3. 차례

■ 동시

■ 동화

딸기코 아저씨/ 한상수 102

<제목 가나다 순>

4. 책머리에

우리 충남에도 어린이들을 위하여 글을 쓰는 작가들이 스물 안팎을 헤아리게 되었다. 몇 년 전만해도 남들이 모두 외면하던 아동문학을 이제는 일평생 목숨을 바쳐 글을 쓰겠다는 사람들이 이처럼 많이 늘어난 것이다.

그리하여 이제 스스로 이렇게 작품집을 묶을 수 있을 만큼 이동문학은 성장하고 있는 것이다

이것은 분명히 젊은 작가들의 몸부림이요, 생명이다. 그만큼 첫 작품집은 조금은 어색하고, 조금은 어리숭한 면도 있을 것이다.

그러나 해가 거듭할수록 굵어가는 나무와 같이 우리들의 작품집도 더 좋아질 것이다.

여기 이 책은 비록 얇은 작품집에 지나지 않지만 어린이다 읽으면 더욱 살이 찌고 어른들이 읽으면 동심으로 돌아가리라고 자부하면서 이 책을 세상에 내놓는다.

1974. 8. 1

충남아동문학회

5. 본문

- 이덕영 작품 3편의 제목만 옮긴다.

「가을 기차를 타고」「창을 열어주는 이」「여름」

6. 회원 주소록(112쪽)

이름, 주소, 자택전화, 직장전화, 우편번호에 따라 주소록을 남기

었다.

구진서 권순하 김영수 김환식 김홍수 변상호 유종슬 유창근 윤용병 이덕영 이서인 정만영 조문호 한상수 한운산

주소록에는 회원으로 나타나는데, 작품을 수록하지 않아 '차례'에 이름이 없는 분이 있어 밝혔다.

7. 판권

위에서부터 줄을 바꾸어 판권을 구성하였다.

푸른 메아리 〈제1집〉
1974. 8. 1 발행
값 150원
발행인 농경출판사
편집 충남아동문학회
등록번호 사21호

8. 114쪽 광고

'푸른메아리' 제1집을 출판한 농경출판사(사장 신기훈)의 광고이다. 신기훈 선생은 해방 직후 충남도지사를 역임하였으며, 이후 전국지를 지향하는 신문 〈농업경제신보〉 발행인이었고, 도서출판 〈농경출판사〉의 사장이었다. 시조시인으로 문인들의 저서 발간에 도움을 준 분으로 널리 알려져 있다. 특히 1년에 1회 그의 '항재시조시인상'을 시상하던 중 작고하였다. '항재'는 신기훈 시조시인의 '아호'이다.

6장. 『푸른 메아리』(1976) 2집의 서지적 개관

1. 표지

- 앞표지 - 위에서부터 순서대로 '충남아동문학회' '푸른 메아리' '제2집' '창학사' 등으로 표기되어 있다. 출판사가 '농경출판사'에서 '창학사'로 바뀌었을 뿐 '제1집'과 같은 양식이다.
- 책등 - 위에서부터 순서대로 '푸른 메아리' '제2집' '충남아동문학회'로 표기되어 있다.

제1집과 다른 점은 표2의 광고, 표3의 광고, 표4의 광고 등이 없어진 것이다. 협찬을 받지 못한 것으로 창립회원 김영수 아동문학가의 전언이다.

2. 속표지

상단부터 '푸른 메아리' '제2집' '컷' '충남아동문학회'가 표기되어 있다.

3. 차례(3쪽)

4. 머리말(5쪽)

오늘날 문학을 지망하는 사람은 많아도 아동문학을 하겠다는 사람은 그리 많지 않습니다. 이것은 곧 아동문학이 사회적으로 지위가 낮기 때문입니다. 사실 아동문학을 해서 이름이 널리 알려지는 것이 아닙니다. 그렇다고 해서 돈을 벌 수 있는 것도 아니고, 사회적으로 어떤 지위가 높아지는 것도 아닙니다.

이렇게 남들이 외면하는 길을 걷기로 결심한 사람들이 아동문학을 하는 사람들입니다.

남들이 알아주지 않아도 됩니다.

어떤 공리성이 따르지 않아도 됩니다.

다만 좋은 글만 쓰면 된다고 생각합니다.

이렇게 아무런 욕심도 없는 사람들끼리 머리를 맞대고 모인 것이 우리 충남아동문학회입니다.

우리들의 시나 동화를 외면해도 좋습니다. 문단에서 소외되어도 좋습니다. 혹은 보잘 것 없는 글이라고 해도 좋습니다.

다만 우리들은 최선을 다해 글을 쓸 뿐입니다. 그러므로 우리의 글은 우리의 마음이요, 생각이며 우리의 최선인 것뿐입니다. 조그만 나무라도 몇 해가 지나면 큰 아름드리나무가 되듯이 우리의 글도 해가 거듭될수록 좋은 글이 될 것입니다.

우리는 그날을 기다리며 여기 한자리에 글을 모았습니다.

1976년 8. 15

한 상 수

5. 본문

- 이덕영의 동시 3편의 제목만 밝힌다.

「강울」「꽃과 별」「꿈길」

6. 충남아동문학회의 발자취(91쪽)

<1973년>

07.17 충남아동문학회 발족/ 도내 글짓기 교사 모임 후 회칙을 정하고 본회를 발족함 . 회장 한상수, 부회장 구진서, 회원 - 권순하 정만영 유창근 김확식 권영국 윤용병 변상호 조문호

10.02 아동문학의 밤 개최

12.05~12 회원 시화전 가짐(대전 심포니 다방에서) (김요섭 한성기 유동삼 한상수 구진서 김환식 유종슬 유창근 권순하의 작품 전시)

<1974년>

01.01 신춘문예 당선

정만영(조선일보, 동화부문)

김홍수(동아일보, 동시부문

02.24 신춘문예 당선 축하회(대전극동반점에서)

08.02 회지 '푸른 메아리' 1집 간행

08.03~05 제1회 충남 아동문학 세미나 열음(서산 연포해수욕장에서)

주제 발표 : 박화목 - 아동문학의 전망

이덕영 - 동시의 전망

한상수 - 동화의 전망

참석자 : 신기훈 박화목 이서인 권순하 한상수

구진서 김영수 유종슬 김홍수 유창근

이서인 - 월간문학 당선 축하회

권순하 - 『산너머 푸른하늘』 동화집 출간기념회

회지발간 자축회

09.03 도내 초등학교 어린이 작품 모집 및 시상

<1975년>

08.02~3 제2회 아동문학 세미나 열음(부여 영일대에서)

주제 : 아동문학과 문학 교육

연사 : 김요섭 - 문학교육의 전망

박화목 - 아동문학과 청소년문제

구진서 - 아동문학과 문학교육

유종슬 - 문학교육의 문제점

참석자 : 김요섭 박화목 유동삼 한상수 구진서 권순하 이서인

유창근 유종슬

임원개선 - 회장 한상수, 부회장 구진서, 사무국장 유종슬
09. 28 9월 월례회 모임 가짐(대전시 은행동 인삼의 집에서)
12. 30 연말 모임 가짐
허인무 - 시조문학지에 시조 당선
유동삼(10월 9일) - 한글학회 공로상 표창
유종슬 이덕영 이헌석(10월 9일) - 충남 한글학회 주최로 교육감상 등 수상
정만영 - 충남교육지에 교육수기 당선
신입회원 - 김영수(청양 화산국교 교장)
이헌석(예산 동신국교 교사)

〈1976년〉
06. 18 아동을 위한 독서지도 강연회 열음
(대전 카톨릭 문화회관에서 계몽사 후원으로)
연사 : 조풍연 - 아동의 독서지도
송근영 - 독서가 아동에게 미치는 영향
(700여 명의 청중으로 입추의 여지없는 대 성황 속에 열림)
08. 01 회지 '푸른 메아리' 2집 발간
08. 14~15 제3회 아동문학 세미나 개최(계룡산 동학사에서)
주제 : 아동문학 향토성
주제 강연 : 김영일 - 아동문학의 향토성
이서인 - 동시의 난해성
권순하 - 동화의 현실성

7. 회원 주소록(94쪽)

주소록에는 이름, 주소, 집전화 순으로 표기되어 있는데 이름만 밝

힌다.

한상수 구진서 허인무 유동삼 김영수 권순하 변상호 정만영 김환식 윤용병 김영수 김학응 이장희 조문호 유창근 이헌석 이덕영 이서인 유종슬

8. 판권

위에서부터 줄을 바꾸어 판권을 구성하였다.

푸른 메아리 〈제2집〉
1976. 8. 1 발행
값 250원
발행인 창학사
편집 충남아동문학회
등록번호 (34)호

제2편

시집에 대한 서지적 개관

1시집 『한 줄기의 연기(煙氣)』 서지적 개관

2시집 『푸른 것이 더 푸른 날』 서지적 개관

1시집『한 줄기의 연기(煙氣)』서지적 개관

(양장본, 세로쓰기, 156쪽, 형제출판사, 1,500원)

1. 표지

1.1 앞표지 - 금박으로 쓴 시집 제목 '한 줄기의 煙氣'(이춘실 글씨)가 상단 좌측에 세로로 쓰여 있다. 하단 1.3 띠지(신현국 디자인)는 무늬로 장정(박제구 구성)되었다. 글씨를 쓴 이춘실은 이덕영 시인의 배우자인데, 훗날 시인으로 등단하여 필명 '이윤소'로 시집『귀를 두고 내렸다』(2021)를 발간하였다. 띠지를 디자인한 신현국은 저명한 화가로 현재 충남 공주시 반포면에서 창작에 전념하고 있다.

1.2 책등 - 상단에 '한 줄기의 연기'가, 중간에 '이덕영'이, 하단에 '형제출판사'가 금박으로 쓰여 있으나, 하단의 출판사 명은 띠지에 가려 보이지 않는다. 띠지에는 출판사 이름이 인쇄되어 있지 않다.

1.3 뒤표지 - 앞표지와 같은 바탕(약간 녹생을 띤 바탕)이며, 무늬나 글씨는 없다.

1.4 속표지1 - 신현국 화가의 그림 바탕에 '이덕영 시집' '한 줄기의 煙氣'가 세로 검은 글씨로 쓰여 있다. 뒷면에 다음과 같이 디자인과 관련된 實名을 明記하고 있다.

장정 - 신현국

구성 - 박제구

題字 - 이춘실

1.5 속표지2 - 투명지 아래에 저자의 사진, 그리고 사진 아래에 '저자 근영 1976년'이 쓰여 있다.

1.6 속표지3 - '한 줄기의 煙氣'가 상단 좌측에 세로로 쓰여 있다.

2. 序

조연현(趙演鉉) 선생이 쓴 '序'를 그대로 옮긴다.

李德英씨는 1963年度의 新春 懸賞文藝募集 한국일보에서 作品이 當選되었고, 東亞日報에는 入選을 했다. 當選과 入選의 差異는 극히 主觀的인 流動性을 지닌 것이라고 생각할 때 1년에 두 新聞에 그의 作品이 登場될 수 있었다는 것은 그의 詩的 力量과 그 水準을 말해 주는 것이 아닐 수 없다.

그 이후 이 十有余年 동안 그는 文壇圈外에서 조용히 自身의 詩業을 精進시켜 지금 그의 最初의 詩集을 낸다. 早急한 사람 같으면 그 동안 벌써 2, 3卷의 詩集도 낼 만했겠지만 그는 文壇的인 志向보다도 自身의 世界를 構築하는 文學的인 志向에 더 많이 自身을 닦고 길러 왔다. 이러한 그의 文學的인 姿勢는 누구에게나 好感을 가져다주었을 것으로 생각한다.

李德英씨는 아직은 年淺한 詩人이지만 이미 自身의 音聲을 지니고 있는 詩人이다. 한平生 詩를 써서 아직도 自身의 목소리를 갖지 못한 詩人이 많은 우리의 周邊과 比較해 볼 때 그의 詩的能力은 아주 훌륭하고 놀랍다.

近者에 와서 그의 詩는 더욱 우리의 土着的인 言語에 接近하면서 그 속에서 빚어지는 抒情의 아름다움을 아주 效果的으로 追求하고 있는 것을 볼 수 있다. 어떤 事物 속에서도 抒情을 통한 그의 思想의 發見은 注目받을, 감동할 그의 詩的 手法인 同時에 뛰어난 그의 精神의 能力이다.

흔히들 우리나라에는 詩人이 많다고들 하지만 李德英씨야말로 그 많은 젊은 詩人들 중에서도 특히 光忙을 發하는 未來의 旗手의 한 사람임을 믿는다.

一九七六年 七月 조연현(趙演鉉)

3. 작품

3.1 목차 - 8~11쪽에 걸쳐 세로로 쓰여 있다. 중간 주제로 部를 나누지 않은 것이 특색이다. 뒤에 서문과 해설을 쓴 분의 성함이 기록되어 있다.

序文 - 趙演鉉

解說 - 元亨甲

3.2 작품 - 4부에 전편을 수록하였기에 생략한다.

4. 해설

元亨甲 선생의 해설이 136~153쪽에 쓰여 있다. 해설의 제목은 '李德英의 自然과 脫意味'이다. 이 해설은 3부에 수록되기에 생략한다.

5. 판권

5.1 著者 略曆

1942년 충남 大德에서 出生

대전공업고등학교 졸업
서라벌 예술대학 졸업
고려대학교 수료
1963년 한국일보 신춘문예 당선
1963년 동아일보 신춘문예 가작
현재 한국문인협회 회원
　한국현대시인협회 회원
　한국시조작가협회 회원
　대전시 문화공보실 재직

5.2 판권 소유

사각형에 '판권 소유'라 기록되어 있지만 '인지'는 붙어 있지 않다.

5.3 판권

판권은 아래와 같은 순서로 나열되어 있다.

시집 · 한 줄기의 煙氣
1976년 8월 20일 인쇄
1976년 9월 1일 발행
　저 자 李德英
　발행자 박제구
발행처 형제출판사
　대전시 중동 10-31 전화 2-7029
　등록 번호 - 사-41호
　등록연월일 - 1976년 7월 9일
　값 1,500원

2시집 『푸른 것이 더 푸른 날』 서지적 개관
(한발시인선 11호, 이덕영 유고시집)

1. 표지

1.1 앞표지

- 상단 좌측 구석에 이덕영 시인의 사진을 배치하고, '한발시인선 11'이 표기되어 있다.
- 상단에 제목 '푸른 것이 더 푸른 날'이 큰 글씨로 쓰여 있고, 오른쪽 아래에 '李德英 詩集'이라 쓰여 있다.
- 컷이 있고, 바로 아래 잠언과 같은 이덕영 시인의 작품 3줄이 표기되어 있다.

> 우리의 토착적인 언어에 접근하면서
> 그 속에서 빚어지는 서정의 아름다움을
> 효과적으로 추구한 시

그 아래에 쉼표, 아래로 향한 긴 줄, 그리고 문경출판사 로고와 '문경'이 쓰여 있다.

1.2 책등

상단부터 '11 한발시인선' '푸른 것이 더 푸른 날' '문경출판사'가 표기되어 있다.

1.3 뒤표지

- 상단에 '푸른 것이 더 푸른 날'이 세로로 쓰여져 있고, 이어진 아래에 '시집 이덕영'이 쓰여 있으며, 긴 줄 아래에 이덕영의 시 부분이 기록되어 있다.

손발을 닦고 세수를 끝마치고
이제 우리 서로의 가슴에 희망을 색칠하면
오늘은 푸른 것이 더 푸르고
맑은 것이 더 맑고
높은 것이 더 높은 날
아득한 하늘까지 살갗에 넘쳐 있구나
「푸른 것이 더 푸른 날」 중에서

하단 좌측에 '한밭시인선 11'과 '문경출판사'가 표기되어 있다.

1.4 표2(앞표지 안쪽)

- 이덕영 시인의 사진 아래에 간략한 해설이 쓰여 있다.

이덕영 시인의 시는 시가 곧 자연이요, "자연으로 돌아가고자 하는 노력"의 일환이었다. 그렇기 때문에 그의 詩는 자연 속에서 살아 움직이는 시인 자신의 "심리적 사실"이었으며 한편으론 우리들의 "세상사"였다.

- 이덕영(李德英) 아래에 이덕영 시인의 약력이 간략하게 소개되었다.

○ 1942년 대전 출생

○ 1963년 한국일보 신춘문예에 시조「化石」당선

○ 1963년 동아일보 신춘문예에 시조「꽃」가작

○ 1963년 서라벌 예술대학 문예창작과 졸업

○ 1966년 고려대학교 국문과 수료

○ 문화공보부 신인예술상 수상

○ 시집『한 줄기의 煙氣』

○ 1983년 타계함

1.5 표3(뒤표지 안쪽)

상단에 '오늘의 한국시의 진면목' '지역문화의 새로운 감동' '한밭시인선' '한밭시인선 간행위원회 선정, 전국총판'이라 표기된 아래 1권~12권 시집을 홍보하고 있다.

1.6 속표지1

상단에서부터 '이덕영 시집' '푸른 것이 더 푸른 날' '문경출판사' 등의 순서로 표기되어 있다.

1.7 속표지2

상단에서부터 '한밭시인선 11' '이덕영 시집' '푸른 것이 더 푸른 날' 순서로 쓰여 있다.

2. 서문

자연과 정서적 同一視의 詩

이덕영 시인은 1942년 대전에서 태어나 일생의 대부분을 주로 대전에서 공무원생활을 했고, 1983년 사십 초반의 아까운 나이에 세상을 하직했다.

친구를 좋아하고 술을 좋아하고, 그러나 그들보다 더 좋아하는 것은 침묵과 고독과 그리고 따뜻하고 소박한 정서라고 할 만큼 그는 조용하고 차분한 성격을 지닌 채 시심을 갈고 닦았다.

일찍 어머니를 여윈 슬픔의 가정환경이, 그를 방황하고 비틀거리게 했고 날(刀)이 설 만큼 예리한 문명의 사회가 그를 술마시게 했지만 그러나 그는 시에 대한 정열을 결코 허뜨리지 않았고 타고난 문학의 바탕에 자신의 시의 목소리를 담는데 아낌없는 노력을 경주해왔다.

고등학교를 갓 졸업한 대학 초급학년시절이던 1963년에 그는 이미 시조부문에서 한국일보신춘문예 당선과 동아일보 신춘문예 입선이라는 2관왕의 영예를, 목에 걸고 세상을 놀라게 했으며, 촉망받는 미래의 기수로서 문단에 얼굴을 내밀었다.

비록 과작이었지만 그 후 그는 한편 한편 역작을 내 놓으며 오히려 자유시의 바탕을 더 튼튼히 했다.

고향에서 배우고 익힌 한국적 토착언어에 관심있게 접근하면서 아름답고 번뜩이는 서정의 세계를 승화시켜 왔다. 그의 작품은 결국 자연과 정서적 同一 視의 詩였다고 생각해 볼 수 있을 것이다. 다시 말하자면 시가 곧 자연이오 "자연으로 돌아가고자 하는 노력"의 일환이었다. 그렇기 때문에 그의 詩는 자연 속에서 살아 움직이는 시인 자신의 "심리적 사실"이었으며 한편으론 우리들의 "세상사"였던 것이다.

언제 읽어도 정감이 넘치고 생명력이 있는 향수를 뿜어내는 듯한 그의 시였다. 많은 독자들이 그래서 그의 시를 그리워했다.

그럼에도 불구하고 그는 등단 13년만에 시집 「한 줄기의 煙氣」를 남겨놓고 후속시집도 없이 정말 한 줄기의 연기되어 자연으로 돌아갔다.

그리고 벌써 10년이 흘렀다.

詩人의 뜻을 기리며 열심히 살아가고 있는 그의 부인 李春實女史를 비롯한 가족들의 적극적인 협조를 얻어 한밭시인선 간행위원회에서 그의 유고시를 묶어 「푸른 것이 더 푸른 날」을 세상에 내놓는다.

한밭문화풍토의 소중한 밑거름이 될 것이다. 선망의 시인을 잃은 슬픔을 다시 살피며 시읽기의 관심을 적극 촉구해본다.

1993년 7월

한밭시인선 간행위원회

3. 목차 및 작품

3.1 목차 - 8~11쪽에 목차가 있다. 8쪽에 1부 자화상, 9쪽에 2부 춤추는 겨울, 10쪽에 3부 억새풀을 위하여, 11쪽에 4부 속물의 증언 등으로 분류하고, 각 부에 10여 편의 작품이 속해 있다.

3.2 작품 - 4부에 작품 전체를 수록하기 때문에 여기에서는 생략한다.

4. 해설

116~13쪽에 수록된 해설(시인, 문학박사, 대전대 교수인 박명용)이 3부에 수록되기 때문에 생략한다.

5. 후기

131~132쪽에 걸쳐, 장남 충권의 아버지 이덕영 시인에 대한 추모사를 수록하고 있다.

우리 아버님

슬픔을 위하여 슬픔을 이야기 하지 말라
슬픔을 기다리며 사는 사람들의 새벽은
언제나 별들로 가득하다.

언젠가 아버님이 읽던 책갈피 속에 낙서처럼 쓰여 있던 이 말을 이제 조금은 이해할 수 있는 대학생이 되어 정말 눈치 보지 않고 당당하게 불혹의 나이를 사시다 가신 아버님의 그림자를 바라봅니다.

푯대처럼 곧은 어머님의 울타리 속에서 우리식구들은 부끄럽지 않은 삶을 살아가고 있습니다.

친구가 좋고 술이 있어 좋으며 시(詩)가 있어서 자연처럼 사셨고, 텅빈 가슴을 채우기 위해 무언가 쓰지 않으면 견딜 수 없었던 지난날 아버님의 일상을 여기 "푸른 것이 더 푸른 날"로 내 놓으며 아버님의 기억을 더듬어 봅니다.

"원정리"
아버님의 유년의 꿈이 담긴 그곳을 소중하게 간직하며 살아갈 것입니다.
아버님을 잊지 못하시는 모든 분께 감사드리며 책이 나오기까지 많은 도움을 주신 분들께 우리 가족들을 대신해서 큰 절을 올립니다.

1993. 7.
장남 충권 드림.

6. 판권

133쪽, 상단에서부터 순서대로 옮겨 표기한다.

한밭시인선 11
푸른 것이 더 푸른 날

1993년 7월 15일
1993년 7월 20일

지은이/ 이 덕 영
발행인/ 강 신 용
발행처/ 문경출판사

주소/ 대전직할시 동구 정동 33-15(광진빌딩 3층)
전화/ (042) 254-9668, 256-5349, FAX/ 256-6096

값 3,000원

저자와 협약에 의하여 인지를 생략함.
잘못된 책은 교환해 드립니다.

제3편

이덕영 작품에 대한 평가

· 원형갑 해설 '이덕영의 자연과 탈의미'

· 박명용 해설 '목이 쉰 진달래 울음'

· 김용재 평설 '인생의 가슴에 꽃피운 자연서정'

· 김완하 평설 '고향상실과 현실의 고통'

· 리헌석 평설 '『焚香』에서 「落花의 가슴에」 읽기'

'이덕영의 자연과 탈의미'

- 이덕영 시집 『한 줄기의 연기』 해설

원 형 갑(문학평론가)

풍금 소리가 들려 왔어요.
찬 이마를 부비며
눈은 내 가슴속으로 떨어져 내렸어요.
숨 죽여 울며 멀어 가는
쎄바스챤·바흐.
유릿잔에 넘치는 빰 붉은
장미 냄새를 마시고
램프燈 아래로 희게 젖어들고
싶었어요.
잃어버린 목청은 어디서부터
시작되나요.
맨발로 지워버린 지난밤의
별을 눈 내리는 벌판에다
마구 뿌려 보고 싶네요.
나무는 나무의 所有만큼
눈을 맞고
지붕은 지붕의 所有만큼

눈을 맞는 살갗 위로
풍금소리가 들려 왔어요.
요한·세바스챤 바흐.
젊음의 밤 빛깔이 흩날리는
눈발 속에 검은 얼굴을 파묻고
그 때 확인한 것은
눈부시게 쌓이는 나의 바다였어요.
이제 가까이 와 들으셔요.
풍금 소리가 차츰 멀어 가네요.

밀할 것도 없이 이 詩 줄기는 「現場」의 앞쪽을 뽑아 옮긴 것이다. 이 詩集 속의 어느 것도 좋겠지만 우선 詩人 李德英의, 그의 境內에 선 듯 짚이듯 들어설 수 있을 것 같아서 한번 나대로 읊어 본 것이다.

흔히 사람들은 제각기 詩줄을 하나하나 끊어 證據대면서 〈이것은 ……을 노래한 것이다〉 등의 말을 한다. 그들에 있어 詩人은 반드시 무엇인가를 諷刺하고 力說하고 證明하기 위해서 말을 끌어대는 사람들이다. 빗대 말하는 것이야말로 모든 詩人의 본분처럼 생각하는 것은 이미 상식이 되어 있다고 해도 과언이 아니다. 그렇기 때문에 이러한 常識家들에 있어서 詩는 그 자체 의미가 없고, 무엇인가 세상사라든가 마음에 일어난 心理的 事實이라든가를 가리키는 것이 아니고서는 아니 된다. 또한 그렇기 때문에 이러한 常識家들에 있어서 詩人들은 어떤 知性보다도 知的이어야 하고 그만큼 날렵할 뿐 아니라 남달리 진실하여야 한다. 良識있는 판단은 물론 그 良識에 대한 믿음까지 기대하는 것이다.

그러나 이런 등속의 세상의 良識家들에게 이 詩 「現場」을 열 번이든 백 번이든 읽도록 간청해 보라. 그러면 이 「現場」은 무수한 00現場

으로 意味賦與 될 것이다. 어떤 사람은 이 詩속에서 높은 次元에 대한 象徵性을 느꼈다고 할 수 있고 어떤 사람은 심오한 세계의 含蓄性을, 또 어떤 사람은 이 속에서 이 詩人의 따스하고 소박한 情緖的人間像을 찾아낼지 모른다. 그야말로 그들은 詩속에서 무엇인가를 찾아내지 않고서는 배겨내지 못하는 사람들이다. 또는 이렇게 말할 수도 있다. 詩속에서 무엇인가를 찾아내지 않고서는 직성이 풀리지 않는 오로지 知의 權能 속에 있다고.

그래서 나는 무엇보다도 우선 일체 뜻이란 뜻들이 고개를 들고 대들기 전에 이 詩人 李德英과 다만 만날 수 있으면 하고, 그러니까 詩人이 아닌 李德英은, 아무리 그가 훌륭하고 뛰어나고 슬기롭다 하더라도 상관할 바 없이 만나보고 싶어서 이 「現場」을 음미해 봤으면 좋겠다고 여겨 봤다. 「現場」은 그러하기에 알맞고 이 詩集 「한 줄기의 煙氣」를 대표할 만한 것이거나 전체를 말해 줄 만한 것이라고는 할 수 없으나 李德英의 詩作性格을 기웃거리기에는 가장 좋을 것처럼 생각된 것이다.

그러나 무엇보다도 이 「現場」을 통해서 우리는 李德英과 만나는 이상으로 또는 아예 李德英이란 固有名詞조차 간 데 없이 잊어버릴 수 있도록 詩라고 하는 어쩔 수 없고 터무니없는 現場에 당신들을 손님으로 모실 수 있고 또한 그 詩라고 하는 것이 당면하고 있는 時代的 現場에 나와 한번쯤 그 터무니없이 먼 것과 은밀히 照會하고 通話라도 해 봤으면 하는 것이다. 그리고 그러는 것이 왜 사람들은 그토록 살림살이에 바쁘고 헐덕이면서 거기에는 눈꼽 만큼도 도움이 될 수 없고 오히려 그 살림살이를 헐뜯고 깎아 내리며 때로는 근본적으로 뒤집어 엎을 듯이 위협할 수도 있는 저 詩를 가슴에 안게 되는 것인가를 이해할 수 있고 그러한 本質的인 範疇 안에서 詩人 李德英의 世界를 음미하는데 도움이 될 것 같다.

「한 줄기의 煙氣」는 李德英에 있어서만이 아니라 우리들 누구에게나 매우 뜻있는 主題이다. 어쩌면 이 主題의 음미는 그대로 李德英의 음미일 수 있고 詩가 당면하고 있는 運命의 이해가 될지도 모른다. 文明에 얽힐 수밖에 없는 삶 앞에서 어차피 詩는 한 줄기의 煙氣가 아니겠는가. 그러나 그 한 줄기의 煙氣가 우리를 무한한 생명에의 향수 속에 사로잡고 文明의 번질번질한 成功主義는 아랑곳도 없이 산 너머로 산 너머로 우리를 유혹한다.

그렇듯 李德英은 文明으로 날렵할 수 없다. 그가 애써 눈여겨보는 것들은 그 모두가 그의 고향 가까이에서 너무도 젖어 온 우리 모두의 것들이기에 그의 날(刀)선 文明이 멀리 잊어버리기로 한 것들이다.

밀빌이라든가, 햇살, 바람, 지게 木工, 탱자꽃, 無許可 술집, 지붕, 또는 그가 어렸을 적부터 너무도 보고 들어오던 동네 이름들이다.

이런 것들은 그에 있어서나 우리들에 있어서나 아주 미묘한 現象學的 意味로 價置를 지닐 수 있는 것으로서 실상 그가 이 情든 名詞들에 젖어들어 가면 들어 갈수록 詩의 無限性을 거두기는 어렵다고 보아진다. 무엇보다도 이러한 것들은 社會的인 傳達의 意義를 잃어버릴 수도 있고 李德英의 詩가 요청하는 대로 時間의 山너머에서 잃어버린 神話的 情緖를 되살려 찾아오기란 참으로 쉬운 일이 아니기 때문이다. 만일 經驗實證論的인 뿌리에서 자라난 西洋詩人들 같으면 당장에 이러한 言語의 執着은 버리라고 못을 박을지 모른다.

여기에는 그렇게 그들이 내세우는 복잡한 思想의 情緖的等價物도 없고 客觀的 相關物로서 提示된 言語들은 아닌 것이다. 서툴면 서툰 대로 익숙하면 익숙한 대로 이 詩人의 모든 言語들은 스스로의 意味世界에 情緖的으로 독특하게 密着하고 있어서 떼어내어 對象化하기에는 좀 어려움이 있다. 그들의 範疇를 빌어서 意味를 따지거나 思想的으로 類推하여 무엇인가를 찾아내고자 하는 사람들에게는 가볍게

看過하기 쉬울 것이다. 분명히 말해서 이 詩人은 그러한 배경 속에 은밀히, 참으로 조용히 그 나름의 世界나 뜻있는 이미지를 담고 있음을 우리가 자칫 흘러 버려서는 아니 된다.

이 詩人이야말로 우리들이 無關心해하는 하찮은 것들 속에 그 나름의 特異한 한 次元을 이루고 있는 것이다.

그의 詩의 現場에 있어 共感과 호소가 어떠한 것인가를 意味를 벗어나 유의하여 發見해야 할 것이다. 우선 누구에 있어서나 詩는 一回性이다. 부르면 나타나거나 찾으면 거기에 있는 그런 것은 아니다. 詩는 要請한다고 해서 適時適期에 나와 주는 것은 아니다. 西洋 사람들은 그렇게 詩를 열심히 연구하고 일찌감치 詩의 哲學性을 찾아 나섰으면서도 그들이 詩를 言語의 의미와는 아랑곳없는 곳에서 느끼기 비롯한 것은 詩史的으로 근자의 일이 아닐까 싶다. 詩는 반드시 복잡한 意味 속에서 깃드는 것도 아니며 영그는 것도 아니다.

오히려 그러한 意味에 따라붙어 다니고 급급하는 것은 마치 문간에 審問檢査를 두어 이름이며 身元을 일일이 캐묻는 것과 같아서 만일 그런 술집이 있다면 이미 술맛은 간데온데없이 본연의 의미를 잃는 것과 같다.

대학에서 英文學을 담당하는 우리의 한 詩人은 우리의 詩들이 英語 詩에서와 같이 낱낱이 많은 註釋을 붙여 이해할 수 없게 소박한 것을 마치 詩가 못나서 그런 것처럼 푸념하였다. 모든 글에 너절구레한 註를 다는 일은 거의 오늘의 衡學的인 풍습이거니와 詩에서도 그런 註를 달아 意味로 채워지기를 높이 여기는 까닭이다. 그러나 정작 詩는 어떤 意味로 變化되고 還元되어서 좋은가. 더 나아가서는 그런 意味의 還元으로 하여 정말 詩는 견뎌낼 수 있고 우리 앞에 그 참모습을 나타내기라도 한다는 말일까. 言語의 意味深化도 知的 재미로서는 굳이 외면할 것까지 없지만 그러나 詩는 그 言語의 意味를 넘어 때로는 그 意味의 건너편에서 그리고 때로는 意味와는 아랑곳없이 직접적으로 엄습해 오는 것이 詩作 體驗의 사실이라고 하겠다. 설령 詩가 意味의 重層이나 變化 含蓄, 交叉에서 비롯된다고 하더라도 그 意味性의 문제는 詩를 모시기 위한 한 方法 이외는 다른 아무것도 아니란 것은 그들 스스로가 너무도 잘 알고 있다.

이러한 詩的体驗의 현실에서 李德英의 낯익고 몸에 젖은 私的言語들은 그 客觀性의 무시에도 불구하고 한 번쯤 재검토하고 음미해 볼 만한 價置가 있다.

그는 왜 소박한 鄕里的 言語世界에 그의 詩作의 뿌리를 내리고 있는 것일까. 이런 의문은 이제까지 거의 누구도 發說해 본 적이 없고 어쩌면 실없고 하찮기조차 한 것 같지만 오히려 이 물음 속에 詩와의 本質的인 對話가 성립되고 따라서 現代詩의 가장 중요한 自己反省과 일련의 契機가 있을지 모른다.

根本的으로 詩는 人間과 그 세계를 의미로 따져서 對象化하기 위하여 있는 것은 아니다. 가장 근본적인 말(意味)을 하고 싶을 때, 또는 가장 많은 말(意味)을 하고 싶을 때 우리는 詩의 誘惑을 받는다. 그러나 그 가장 근본적이라든가 심각하게 또는 가장 많이 한 表現은 意識의 現象學的 現場으로 생각할 때 기실 아무것도 말할 수 없고 말하기 어려울 때이다.

차 있다는 것은 곧 비어 있다는 것과 같은 것이며 터지기 전에는 志向性을 찾을 수 없는 것이다.

그렇게 가득 찬 意味의 無에 있어서 詩는 비로소 우리의 가슴에 움트는 것이다.

무어라고 말해야 좋을지 表現으로서는 不可能하다고 切感될 때, 아무 말도 하고 싶지 않고 할 만한 말이 없을 때 우리는 詩를 마음속에 요청하는 것이다. 만일 詩가 事物을 따지고 主義主張을 내세우기 위해서라면 이미 詩는 수천 년 동안 인간과 더불어 存在할 수 없었을 것이며 만일 그렇게 理性的인 意味의 打算이나 計量을 위해서라면 얼마든지 좋고 적절한 言語樣式이 있는 것이다.

이러한 詩의 本來的性格追求는 이 글의 李德英에 對한 設問을 위해서 아주 직접적인 보람을 가져올 것으로 믿어진다.

그는 왜 몸과 마음에 젖은 私的名詞들만 찾아 자기의 세계를 펼치는 것일까. 또는 李德英이란 詩人은 왜 그의 日常生活에 도움이 될 수 있거나 그의 知的探究의 慾求에 따라 言語를 찾지 않고 이미 그러한 生活의 未來性에서는 價置를 잃은바 오래인 저버려진 言語에만 마음을 주게 되는 것일까.

이렇게 設問을 하고 있는 동안에 이미 대답은 엿보이고 있다. 그는 좀 더 안타까움과 연민의 저 흙묻은 말을 오늘의 어지러움 속에서 찾아 헤매는 것이다. 세상일의 걱정 근심으로 이리 뜯기고 저리 얽히어 꼼짝 못하게 된 그의 세상 이름 李德英으로부터 벗어나서 어머니께서 아침저녁으로 불러 주신 그 無辜한 이름 德英으로 생각의 발길을 돌리고자 하는 것이다. 그는 아주 희미하고 몽롱하게나마 그러한 꿈속과 같은 또 하나의 德英이가 있다는 것을 눈치 채었다. 그리고 그 또 하나의 德英이야말로 세상에서는 한 푼의 가치도 없는, 내버려져서 마땅한 이름이고 어쩌면 그런 이름이 있는지 없는지도 모를 만큼 가물가물한 点 하나의 明滅에 다름 아닌 것 같으면서도 그 点 하나가 이 세상에서 시달리는 그에게 손짓하는 것이다. 피로한 우리 모두도 그 손짓에 따라가 볼 必要가 있다.

이 詩人은 이러한 正本 모를 손짓을「痕迹」이라고 題하여 思惟하였다.

밀밭 길을 들어서는데

바람이 이랑을 막 벗어나고 있었다.
맑은 밀밭의 물결 위에
떠오르는 몇 마리의 새

앞선 바람의 자취와
새들의 소리가
내가 남기는 발자국 속에 들어와
다시 하나로 지워지는 길.

강물이 흐르고 있었다.
밀 이삭이 익어 가고 있었다.
밀 이삭을 받쳐 든 밀 대궁들이
조금 쓸쓸해 보였다.

키 큰 밀밭을 벗어나면서
무심코 돌아다보는데
바람이 밀밭으로 들어서는 중이었고
하늘에서 몇 마리의 새들이
내려앉고 있었다.

이것이 이 詩人의 「痕迹」이다. 흔적으로밖에 남아 있지 않는 어떠한 生과 같은 그의 詩의 한 世界이다. 여기에서 우리는 세상의 그 어떤 意味를 찾아 볼 수 있는가. 세상사 자체가 이 詩가 表現하고 있는 痕迹과 같은 것이 아니겠는가. 그 흔적이 이 詩人을 이 思惟의 들판으로, 原稿紙라는 無의 空間으로 끌고 나온 것이다. 그 흔적이라고 밖에 달리 붙일 이름이 없는 난데없는 바람결이 마치 어머니께서 부르시던 목소리처럼 그의 온 마음을 사로잡고 있다.

이 詩에서 이 詩人은 무엇인가를 表象하고자 하는가. 어떠한 의미를 내세워서 스스로를 세우고 돋보이고자 노력하고 있는 것일까. 아니다. 아무리 뜯어보고 살펴보아도 그런 세움이나 꾸밈은 눈꼽만큼도 보이지 않는다. 오히려 그 모든 것과는 전혀 상관없이, 좀더 뚜렷하게 말한다면 그 상관성을 끊은 자리에서 전혀 다른 李德英이가 되어 無邊의 말을 하고 있는 것이다.

단적으로 이 詩를 通해서 우리는 왜 사람은 그 삶의 대상에 安住하지 못하고 다른 말씀의 손짓하는 方向에 귀를 기울이게 되며 끌리게 되는가를 알 수 있다. 이 말씀의 세계는 어떤 經典이 眞理라고 가르치는 그런 條項도 아니고 科學知의 因果究明도 아니며 또는 어떤 當爲的 追求이거나 오늘을 살아가는 計量的 슬기도 아니다. 이러한 認識의 領域에 비하면 실로 그것은 있는지 없는지도 모를 「煙氣」이거나 「痕迹」에 불과하다. 有用하거나 有益하거나 또는 미덥거나 훙겹거나 그런 것과는 아무런 인연도 없다. 그렇게 소용이 없고 슬기를 무시하며 냉정 하게 한다는 것은 이미 수천 년 전부터 알고 있다. 그러나 그럼에도 불구하고 사람은 그 사람들의 틈 사이에서 빠져 나와 왜 이러한 無用性에 홀리고 빠져 들어가는 것일까. 이 無用性이야말로 곧 가장 절실한 有用性이 아니겠는가.

이런 질문이 李德英의 그 깊이 모를 詩 앞에서 일련의 필연성을 가지고 나오게 된다.

「痕迹」과 같은 그의 모든 詩가 세상일과는 과거에 있어서나 현실에 있어서나 하등의 意味聯關이 없으면서도 그러나 그의 그러한 詩들 앞에서 그가 그러하였듯이 우리가 홀리고 빠져 들어가는 이유에 대해서 이제 비로소 생각하지 않을 수 없게 되는 것이다. 물론 이러한 詩의 次元은 이러한 이라고 提示할 수 있을 만큼 뚜렷이 거기나 여기에 있는 것도 아니고 따라서 생각 할만한 根據나 要素가 있는 것도 아니다.

생각하려고 하자 펴지는 연기라고 할까, 그렇게 詩는 붙들어 매어 두거나 이름 붙여 推定할수 없는 것으로서 늘 거기에 있는 것처럼 펴오른다.

분명한 線으로 領土의 分界를 가르듯이 생각이라는 意識의 種類를 따질 수는 없는 次元인 것이다. 그런 점에서 現代 哲學의 現象學的인 意識追求는 이러한 正休不明의 休驗을 위하여 決定的인 도움이 된다.

意識이란 다만 志向現象인 것이며 종류나 생각의 領土가 미리 있는 것은 아닌 것이다. 우리가 이 時間에 李德英의 詩를 읊으면서 이렇다 할 意味理由도 없이 흐뭇해할 수 있는 것은 다만 이 時間의 우리의 意識이 다른 모든 意識의 內容이나 可能性을 들려주고 오직 李德英의 詩 世界에, 그 回路的이면서도 未來的인 詩 世界에 志向하고 있기 때문이다. 그리고 이 志向의 可能性은 적어도 우리가 李德英의 詩 世界에 젖을 수 있는 것은 우리 스스로의 意識 속에 그 可能性이 있었기 때문일 터이다. 그리고 이것이 중요하다. 詩라고 하는 本質的体驗에 接近할 수 있는 하나의 길이 열린 것이다.

「痕迹」에서처럼 李德英의 詩를 읽고 우리가 생각할 수 있는 것은 詩라고 이름 지어진 하나의 思惟世界의 또 다른 느낌인 것이다.

우리는 때때로 왜 그 긴 生活史의 틈틈이에서 詩라고 하는 저 실없고 소용없는 思惟에 빠져 그 生活史의 모든 것을 수표처럼 여기는 순간을 갖게 되는 것인가. 이를테면 그 긴 人間史에 못지않게 인간은 詩人으로서 살고 있는 것인가에 대해서 회의를 느낀다. 그러고 보면 이 같은 詩的思惟는 좀더 깊은 根源으로부터 비롯하는 것임에 틀림없고 사람 스스로도 어쩌지 못하는 本來性이라고 하겠다.

우리는 언제부터인가 自然이란 말로써 人爲的인 모든 것에 線을 긋고 생각하는 습성이 있다. 루쏘가 아니라도 이 몇 세기 동안 自然이라는 개념은 人類文化史의 기본적이고 중심적인 主題로서 등장했다. 文學史만을 생각하더라도 自然이란 말의 중요성을 짐작할 만하다.

文明의 폭이 넓어지고 그 물결이 거세면 거셀수록 그에 못지않게 사람은 그 理念을 넘어서 自然을 동경하고 自然의 상실을 우려하고 있는 것이다.

그러나 정작 그 自然이 어떤 것인가에 대해서는 어느 한 사람도 구체적으로 말한 사람이 없다. 그토록 自然에 돌아가라고 외친 루쏘의 어떤 著書를 들쳐보아도 그 돌아가라고 부르짖은 自然의 正体에 대해서는 한 마디도 설명이 없다. 그러면서도 사람들은 그 不分明한 自然에 무엇보다도 淸證한 自明性을 걸고 기대하며 의지해 왔다.

그러나 自然의 개념이 物像一般으로 證明될 수 있다면 이미 그것은 文化史的인 생명을 잃었을 것이다. 굳이 形而上學的으로 생각하지 않더라도 自然은 그러한 物象性이나 用具的性格을 넘어서 있는 인간의 이상임에는 틀림없고 그렇게 實證性을 넘어서는 세계이기 때문에 超人間的이며 退歷史的인 根據일 수 있을 것이다. 그 自然의 모습이 어떠하든 또는 그 性格이나 內容을 어떻게 설명하든 自然과 詩와는 불가분의 관계인 것만은 틀림없다. 詩的思惟라고 말할 때 그 思惟의 비롯되는 곳이 어떠냐고 한다면 당연히 우리는 自然을 말할 수밖에 없다. 때로 詩人들이 文明을 예찬하거나 批判할 때에도 역시 그 詩의 故鄕은 自然인 것이며 詩가 의지하고 돌아가고자 志向하는 것도 自然인 것이다.

李德英의 詩는 그 동원되는 낱말부터가 모두 自然에 돌아가고자 하는 노력이다. 自然의 正体를 얘기하고자 하는 것이다. 그가 우리의 農村을 主背景이자 素材로 하는 것은 그것들에 대한 憧憬이나 可隣

性 때문이라기보다도 그것들이 그 초라하고 단순 소박함에 있어서 가장 自然에 가깝게 느껴지는 까닭이다.

이 몇 년 동안의 韓國詩는 많은 詩人을 通해서 農村에의 關心을 보이는 것 같다.

그러나 그들의 대개는 農村이 가장 동경할 만한 인간의 理想(自然性)이란 점에서가 아니라 都市와의 對照, 文明的 富와의 比較에서이다. 都市로부터 착취되고 수모받고 내버려진 일련의 政治的 理由에서인 것이다. 만일 그런 視点에서라면 오늘날의 우리 農村에 벌어지고 있는 政策的인 復興現實 앞에서 詩人들은 그 關心의 눈을 돌려야 할 터이다. 農村의 가난에 대한 階級的憤怒도 詩일 수 있고 農民의 초라하고 안타까운 모습을 通해서 우리의 先祖를 생각하는 것도 좋다.

그러나 詩的思惟의 故鄕으로서 農村이 노래되지 않는다면 언젠가 그 農村은 도리어 詩와 自然에 역습할 것이다.

李德英의 흙 묻은 農村의 詩들은 근본적으로 農村에서 발상된 그의 詩들은 이러한 韓國詩壇의 風土에 대해서 좋은 본보기가 될지 모른다.

自然은 꼭 눈에 보이는 對象的世界도 아니고 時代的 差別이나 歷史性도 없는, 그러면서도 오직 具象的으로만 생각할 수 있는 同一性이다. 李德英은 그 많은 自然的對象物을 노래하고 있지만 바람이든 나무든 하늘이나 밭이든 그 어느 하나에서도 個別的特性을 노래하지는 않았고 時間의 制約도 없다.

바람과 하늘과 나무와 지붕들은 실상 어제의 그것인지, 몇 해 전의 그것인지 분별되기를 바라지 않는다. 또한 그것들을 보는 눈의 心理的性格에서 그렇게 옮은 것도 아니다. 李德英의 하늘이 어제의 것이든 오늘의 것이든 또는 어떠한 心理狀態의 것이든 관계될 바 아닌 것이다.

詩作 表現의 다양한 個別性이나 可能性이 어떠하든 詩에 있어서 同一性의 問題는 매우 중요하다. 결국 詩는 自然이라는 同一性의 回歸에 다름 아니다. 우리가 매일같이 바라보는 마을 건너의 山이면서도, 또는 四時節 변모하고 보잘 것 없는 山이면서도 그 山이 우리를 유혹하고 홀리게 하는 까닭은 오직 自然의 同一性 때문이라고 할 수 있다. 또한 이 同一性을 發見하는 詩人의 눈에 있어서 自然은 언제나 저만치에서 그 스스로를 지킨다. 詩人인 이상에는 그의 어떠한 權能에도 불구하고 事物의 그러한 自然的 同一性을 파괴할 수 없고 歪曲할 수 없는 것이다. 그리하여 그 永遠을 사랑하는 이 詩人은 다음과 같이 노래하는 것이다.

허리 부러진 부지런한 지게 위에
햇살을 한 짐 짊어지고
빼꾸기 소리 또 한 짐 짊어지고
파란 밀밭 속에 와서 먹는
감자 맛을 너는 모른다.
거칠은 손등으로 뭉갠 구름이
산허리 논배미에 묻히어 가고
질경이 풀 밟으며 오는 노을을
헛간에 받쳐 논 푸정나무 작대기로
후려 갈기면
아파라. 개굴개굴 흰 연기야
저녁 때 저녁 길을 울려 퍼지는
설핏한 밤꽃 비린내가
밥상머리 묻어 오는데
오줌발도 시원한 냉수 한 그릇

그 이 빠진 투가리에
달빛을 한 줌 풀어 담고서
부엉이 소리 또 한 줌 풀어 담고서
젊은 보리 밭 속에 와 마시는
울음을 너는 정말 모른다.

一九七六年 七月
元亨甲

'목이 쉰 진달래 울음'
- 이덕영 시집 『푸른 것이 더욱 푸른 날』 해설

박 명 용(시인, 문학박사)

"그의 詩는 우리의 土着的인 언어에 접근하면서 그 속에서 빚어지는 抒情의 아름다움을 아주 효과적으로 추구하고 있는 것을 볼 수 있다. 어떤 事物 속에서도 抒情을 통한 그의 思想의 발견은 주목받을, 감동할 그의 詩的 수법인 동시에 뛰어난 그의 精神의 능력이다. 흔히들 우리나라에는 시인이 많다고들 하지만 李德英씨야말로 그 많은 젊은 시인들 중에서도 특히 光忙을 癸하는 미래의 旗手의 한 사람"이라고 趙演鉉으로부터 일찌기 찬사를 받아온 李德英一.

그는 1942년 8월 8일 대전직할시 서구 기성동(전 忠南 大德郡 杞城面 元亭里)에서 국민학교 교사인 부친 이규설(전 국민학교 교장)과 모친 김인구 사이에서 장남으로 태어난다. 아버지의 영향으로 그는 온순하고 잔정이 많았으며 친구들과 다투는 일 한 번 없이 조용히 자란다. 그러나 교사인 아버지의 잦은 전출로 일찌기 고향에 있는 기성국민학교를 마치고 대전으로 옮겨 사실상 그가 후에 鄕里的 시세계를 노래하며 자연을 추구한 사실과는 깊은 관련을 맺는다.

그러나 인간에게 감수성이 가장 예민한 나이로 치는 일곱살 때 그는 어머니를 여위자 온순한 성격에 말하는 횟수가 적어졌고 침울함 속에서 성장하게 된다. 어린 나이에 어머니를 잃은 그는 어머니의 정이 그리웠고 어머니의 사랑을 받는 친구들을 부러워하며 남몰래 눈물을 흘리기 일쑤였다. 1978년 여름 필자의 고향(충북 영동)에 동행했을 때 홀로 살고 계시는 필자의 형수를 만나고 나오면서 "형님(필자)은 어머니 대신 정을 나눌 수 있는 형수님이 계시니 참 부럽다."고 말하면서 인간의 정을 이야기 했으며 고향 元亭里에 가면 돌아가신 어머니의 채취와 어린시절의 자연만이 있을 뿐 아무도 없어 쓸쓸하다고 말하기도 했다.

그는 뼈에 사무치도록 고독하게 자라면서 정의 그리움을 찾는다. 중학교에 들어가면서부터 이러한 정을 글로 표현하기 시작한 그는 주위의 권고로 당시로서는 취직이 가장 쉽게 된다는 대전공고에 입학했으나 사실상 학교 공부는 제쳐두고 오직 시에만 매달린다. 그와 동향이며 가까이 지냈던 金容材(시인· 대전대 교수)는 "중고교에 다닐 때부터 그는 오직 시에만 매달렸으며 친구들도 문학도가 아니면 어울리지 않았다."고 말한다.

이런 가운데 고등학교를 마친 그는 문학의 뜻을 이루기 위하여 서라벌예대 문창과에 입학하여 본격적인 문학수업에 들어간다. 학교 교지 등에 기회 있을 때마다 시를 발표하고 시화전이 열리는 곳이면 어디건 찾아나서곤 했다.

이 무렵 그는 최초로 姜信本 등과 함께 3인시집『太陽을 안고』(1961.11.30. 三友출판사)를 펴냈다. "더욱이 아쉬운 이 鄕土에서 燦然한 별들"이라는 서문을 丁薰이 쓰고 발문을 林仙默이 쓴 이 시집에서도 그의 작품은 향토적인 것이 주류를 이루었다.

> 후조의 나래 끝에
> 은행잎 이우는 늦 가을
> 시골 색씨의 물동이 속이래도 좋다.

또는
하얀 배꽃이 어머니의
눈물처럼 내리는 봄밤
아쉬움으로 파르르 떨리는
가지끝 이래도 좋다.

해ㅅ떤 내음은
울렁이는 입김으로 부디ㅈ쳐간
湖心에
설레임의 젖은 손수건을 남겨 주고
가늘은 흐느낌에 조용히
머무는 눈시울

-「달」에서

한껏 솟았다 시픈 내리는 가락 속에
제비가 오는 마을
낮달이 스치고
피 맺힌 뻐꾸기가 있는
정겨운 내 어머니의
고향아

꽃잎 떨어진 자욱처럼
야드르한 바람의 자세로
가슴마다 밀리우는
눈물 같은 노래……

-「피리를 불며」에서

이 시집이 출간됨으로써 문단을 비롯한 각계에서는 찬사가 쏟아졌고 문학도들 사이에서는 이 책을 구하기에 동분서주하기도 했다.

2학년이 되면서 그는 객관적인 평가를 받아 볼 기회를 찾는다. 당시 문학잡지 등에서 신인상 작품모집이나 추천제 등이 있었으나 그는 신문사에서 실시하는 신춘문예에 눈을 돌리고 1962년 가을 한국일보와 동아일보에 시조 1편씩을 응모한다. 그로서는 시험삼아 응모했을 뿐 당선은 생각지도 못했다. 그러나 1963년 1월 1일 한국일보 지상에는 시부문은 당선작이 없이 그의「化石」이 당당히 시조부문에 당선되었고 동아일보에는「꽃」이 가작으로 뽑히는 영광을 한꺼번에 안게 되어 문단을 깜짝 놀라게 했다. 예나 지금이나 문단 데뷔의 꽃이라 할 수 있는 신춘문예에 그것도 한꺼번에 2개가 당선 됨으로써 화려하게 문단에 데뷔한 그는 흥분도 놀라지도 않고 그저 묵묵히 시를 써 나갔다.

〈1〉
가슴안 흐늘진 곳
침몰하는 꽃이 고와
포성이 울다간 날
산굽이 노을 젖 듯
혈맥에
아픈 音樂으로
불 지피고 날은 새.

〈2〉
不如歸 千年 울음
피먹어 찢긴 하늘
못다한 외롬인채

눈시린 사랑속에
무늬진
새하얀 숨결로
흘러가는 江물소리.

〈3〉
相思앓는 새악시
일렁이는 수줍음을
裸像의 生命에서
오늘이 곱게타는
罪스런
항아리 깊은 안벽
다시 지는 달이여.

〈4〉
銀河ㅅ물 아아라한
祈禱를 나래접고
세월이 내려쏟는
傳說을 里程하다.
눈멀은
沈默을 밤 새워
永遠하는 아쉬움.

〈5〉
異邦의 설운 얼굴
안으로 조각하며

철썩이는 鍾소리
忍從에 깨물다가
향불로
휘돌아 문을 열고
나비되어 날리라.

당선작인 「化石」에 대해 심사를 맡았던 심사위원(朴南秀·朴斗鎭)들은 "〈化石〉은 아름다운 작품이다. 形式에 매이면서도 自由롭게 言語를 다루는 솜씨가 凡手가 아니다. 時調의 리듬이 구겨지지 않고 일관하여 흐른 것도 높이 評價해 좋을 것이다."라고 극찬했다.

약관 21세에 눈부시게 문단에 데뷔한 그는 서라벌 예대를 졸업하고 고려대 국문과에 편입한다. 여기에서도 그는 조금도 흐트러짐이 없이 오직 시에만 매달리면서 활발한 작품활동을 펼쳤다. 1966년 고대를 수료한 그는 서울에 머무르지 않고 곧바로 대전에 내려와 대전시청의 말단 공무원이 되기에 서슴치 않는다. 여기에서 그의 참모습을 발견할 수 있다. 좋은 직장을 찾으면 있을법도 하고 서울생활도 할 수 있을 그였지만 고향에 내려와 그것도 하급 공무원으 로 들어갈 수 있었던 그의 성품은 남에게 우월감이나 과시욕을 보이기 싫어했다. 오직 진실된 삶을 살면서 시를 쓰고자 했을 뿐이다. 이 무렵 그는 문화공보부 신인 예술상을 수상하여 문인들의 부러움을 사기도 했다.

이 때부터 필자와 가까워진 그는 빈번히 만나고 접촉하면서도 꼭 필요한 이야기 외에는 그저 침묵으로 시간을 보내기 일쑤였다. 그러면서도 술자리라면 사양하지 못할 정도로 어울리기를 좋아했고 입에 술을 대기 시작하면 폭음을 했다.

그의 나이 스물일곱 때인 1968년 12월 11일 세살 아래인 이춘실씨와 오랜 연애 끝에 결혼하고 슬하에 충화(1971년) 충권(1973년) 새해

(1976년) 세 남매를 둔다. 고된 공무원 생활을 하면서도 한시도 잊지 않고 자연을 노래한 그는 자연에서 모든 삶과 향수 그리고 눈에 희미하게 떠오르는 어릴적 어머니에게서 정을 찾곤 했다.

우리 고향 元亭里 진달래는
우렁산의 우렁우렁한 음향이 스며 있고
豆溪川의 물결 소리가 배어 있다.
아버지의 지게가 유난히 밋밋하던 그해 봄
할머니의 두견주 빚는 솜씨를 흠모하던 어머니는
진달래 꽃잎을 따다 아이를 낳으셨다.
부엉이가 울고 아랫목 꽃 繡가 오롯한 밤
달빛 가득한 지붕 너머
청솔가지 그림자가 사랑채 창호지 문을 때리면
할아버지는 마치 대추나무 같은
정정한 기침을 하시며
언덕 아래 밀밭의 키 크는 꿈을 꾸신다.

-「봄밤」 전문

실안개 날으는 산 등성이에
목이 쉰 진달래가 피어 있었지.
꽃잎마다 서럽게 묻어 있는 두견새 울음.
진홍으로 가슴에 물이 드는 향기를
치맛자락 가득히 누이의 배고픈
손등으로 캐내며
빈 하늘 젖어 있는 진달래를 보았지.

-「진달래는 피어서」 에서

팔린 할아버지의 萬坪 논에서
개구리는 울고
아카시아 피어 오르는 지붕 아래
정든 된장들이 끓는다.
(생략)
꽃잎 놓이는 자리마다
따뜻이 넘치는 어머니의 눈물,
그것처럼 한 없는 나의
봄이 가고 있다.

-「元亭里」에서

순수하고 따스한 가슴을 지녔던 그는 그러나 이것을 밖으로 내 보이지 않고 오직 묵묵히 살아간다. 친구들과 어울려 밤이 늦으면 "집에서 아이들이 기다린다."면서 먼저 자리를 뜨는 등 가정에 대하여 유달리 애정을 가졌으나 이것은 자신의 본 심성이였을 뿐 가정에 돌아가서는 묵묵함 그대로였다. 직장에서나 가정에서나 친구들 사이에서나 가볍게 행동하지 않던 그였고 매사에 차분함 그것이었다. 그러나 韓性祺 朴龍來 崔元圭 등 선배 시인들과 어울려 술이라도 나누는 날이면 이 때가 그에겐 가장 행복한 시간이었다. 마시다가 흥이 나면「옛 시인의 노래」를 꽤 잘 불렀고 춤도 덩실덩실 추기도 했다.

1976년 어느날엔가 그와 朴龍來 그리고 필자와 셋이 모여 술자리가 벌어졌다. 술잔을 주거니 받거니 하다가 朴龍來의 특기인 훌적거림의 파문이 지나고 노래도 한바탕 치렀으나 朴龍來의 끈덕짐으로 인하여 좀처럼 자리가 끝나지 않았다. 술에 약한 필자는 슬그머니 자리에서 일어나 술값을 치르고 집에 돌아오고 말았다. 그러나 일은 그 뒤에 일어났다. 술을 마시다가 새벽 1시쯤에야 자리에서 일어나 "너의 집에 가자."는 朴龍來를 어거지로 택시에 태워 보낸 그는 다른 택시를 타고 집 앞에 도착해 보니 집으로 보낸 朴龍來가 집에는 가지 않고 그의 집 대문 앞에 먼저 와 있었다. 너무나 순수한 朴龍來였기에 하는 수 없이 집안으로 들어온 그는 부인을 깨워 술상을 차리고 한바탕 소란을 피우다가 이부자리를 깔아주고 자도록 했다. 아침이 되어 술이 깬 朴龍來가 돌아가자 이부자리를 접던 그는 놀라 나자빠지고 말았다. 술에 취한 그가 지도(?)를 그려놓고 갔기 때문이다. 이런 사실을 부인에게 말도 못하고 슬그머니 출근한 그는 아침에 필자를 보자마자 이 사건 내막을 털어 놓으면서 세탁비를 내던가 점심을 사던가 하라고 말하여 결국 점심을 사고 말았다. 마음이 그지없이 여린 그는 누가 어려운 부탁을 해도 거절을 못하여 끙끙대기 일쑤였고 여러 문인들과 어울리기를 좋아했다. 그러나 그의 이러한 생활은 무엇보다도 부인 이춘실씨의 넓은 이해심과 문학을 사랑하는 마음이 있었기 때문에 가능했으리라 생각된다.

그의 꾸밈없는 행동과 차분한 성격은 1976년 문협 충남도지부의 사무국장직을 맡게 된다. 낮에는 공무에 누구보다도 성실했고 밤에는 문인들과 어울리면서 개성이 강한 문인들의 뒷바라지를 위해 동분서주했다. 이해 여름 등단 14년만에 첫 시집『한 줄기의 煙氣』를 펴냈는데 하루는 시집 題字를 붓글씨로 써서 들고 왔다. 필자가 "누구 글씨냐"고 묻자 "아주 유명 인사에게서 받아 왔다."고 대답하여 "그 유명인이 누구냐"고 재차 물어도 미소만 지을 뿐 대답을 하지 않고 있다가 "이게 바로 내 마누라 글씨"라고 말하면서 부인에 대한 애틋한 이야기를 들려 주기도 했다.

江이 조용히 빛나고 있었다.
江가에 가득한 밀밭 위로 사람이 넘치고 있었다.

흰 모래톱에 던지는 돌 팔매.
하늘 위의 몇 마리 새들과
無心한 물결이
빈 가슴에 들어와
어둠을 허물고 있었다.

-「新灘津」에서

숨 죽여 울며 멀어 가는 쎄바스찬·바흐.
유릿잔에 넘치는 빰 붉은 장미 냄새를 마시고
램프燈 아래로 희게 젖어들고 싶었어요.
잃어버린 목청은 어디서부터 시작되나요.

-『現場1』에서

마당 가득한 흰 눈을 쓸면서
허전해하고 있는 아내 곁에
햇살 한 줌이 내려와 풍요롭게 한다.
房貰와 煉炭값이 모자란 하루가
헤진 손마디에 묻어나는
밥상 머리에 앉아
새끼에게 젖을 물리는 아내의
얼굴에서 잎새가 떨어지고 木花 냄새가 난다.

-「겨울」에서

이 시집이 나오자 한 권을 들고 뛰어와 평소 과묵한 그였지만 "어때요 어때"하며 약간은 흥분하며 촌평을 구하던 그였다. 이 시집에 대해 평론가 元亨甲은 "한 줄기의 연기가 우리를 무한한 생명에의 향수 속에 사로잡고 文明의 번질번질한 성공주의는 아랑 곳 없이 산 너머로 산 너머로 우리를 유혹한다."고 말하고 "그의 시는 文明을 예찬하거나 비판할 때에도 역시 그 시의 고향은 自然인 것이며 시가 의지하고 돌아가고자 志向하는 것도 自然인 것이다."라고 자연으로 돌아가고자 하는 노력을 높이 평가했다.

모두 46편의 주옥같은 시들로 묶은 이 시집으로 이 해 가을 大田市文化賞을 받는다. 당시 50만원의 상금을 받은 그는 문인들에게 술자리를 마련했고 韓性祺와 필자는 녹초가 되도록 술을 마셨는데 특히 韓性祺와 가까웠던 그는 그 후에도 몇 차례 술을 사곤 했다. 얼마 후 그는 필자에게 "돈이 없어 이젠 상도 못 받겠다."고 하여 어리둥절했더니 술값이 상금보다 많이 지출됐다며 웃기도 했다.

여행을 좋아한 필자가 수시로 동행을 바라면 언제나 그저 담담하게 "그러죠" 이 한마디가 전부였고 여행 중에도 他人마냥 한마디 말도 없이 차창 밖만을 응시하던 그 視線-. 1978년 봄 全南 麗水에 여장을 푼 일행 몇 명은 저녁 늦도록 술을 마시며 놀았는데 뒤늦게 그가 없는 것을 알고 찾았으나 행방이 묘연했다. 자정이 되서야 숙소에 돌아온 그에게 필자는 "말도 없이 어딜 갔었느냐"고 책망하자 "바다를 보고 싶은 데 내일은 시간이 없을 것 같아 밤바다를 보고 왔다."면서 바다 가운데 떠 있는 선박의 불빛들이 애처롭더라고 말하기도 하는 등 그의 심성은 늘 '정서적 인간상' 그것이었다. 산보다는 물과 바다를 좋아했던 그는 언젠가 舒川 동백정에서 "이런 곳에서 한달 쯤 있었으면 좋겠다." 고 말하며 오랫동안 수평선 끝을 응시하며 무엇인가를 생각하곤 했다.

> 모두가 젖어 있는 海邊에
> 뜨거운 모래가 되어 남고 싶다.

언제나 알몸으로 시작하는
파도의 가슴을 펴내면서
무슨 癸端으로 우리는 아파하는가.
-「짜겁고 짜거운 소금이 되어」에서

푸른 바다에 남은 소금
쓰러지며 쓰러지며 일어서는 파도.
물결의 살 속에 부서지는 바람.
가슴 풀어 헹구는 잔을 들고
무성한 하늘이 일어서고 있다.
-「現場2」에서

이처럼 바다를 모티브로 한 그의 시는 도처에서 발견된다. 그것은 아마도 永遠性을 사랑하는 그의 간절한 마음에서 우러나온 '가슴의 시'인 것으로 파악된다. 宋夏燮은 그에 대하여 "자연의 외적 모습에 머물지 않고 가슴속으로 내밀화되며 새로운 의미를 찾기 위하여 애쓰는 시인"으로 말한다.

그의 올바른 공직생활은 널리 알려져 1978년부터는 충남지사 비서실에서 근무하게 되었고 문협 충남도지부 부지부장을 맡는다. 이런 틈에서도 어느 것 하나 소홀히 하는 법이 없었고 후배들을 모아 문학을 이야기 해주는 등 바쁜 나날을 보냈다.

이 해 가을 어느 날 필자를 찾아온 그는 시동인지의 필요성을 역설하고 동인지 창간을 의논해 왔다. 그후 몇차례 이야기 끝에 金容材(대전대 교수), 韓炳鎬(충북 송면중 교장), 趙完鎬(중앙대 강사·혜진서관 대표), 李璋熙(호수돈 여고), 필자 등 모두 6명이 모여 제호를 《白紙》로 하고 그해 11월 창간호를 탄생시켰다.

이렇게 열심히 살아가면서 그는 언제나 즐겁거나 외로울 때에는 술을 잊지 않았다. 누구와 만나 뜻이라도 통하면 밤새워 술을 마시면서 인생을 이야기했고 시를 노래했다. 이러던 그가 간경화증으로 몇 차례 입원 끝에 치료되고 1981년 국회 비서관으로 자리를 옮긴다. 바쁜 일과 속에서도 틈틈이 시를 써 지상에 발표도 하고 문인들과 어울리기도 했다. 美國 여행길에서는 "빨리 귀국하고 싶다."고 편지를 보내오기도 했으나 막상 귀국해서는 간경화가 재발되어 병원에 입원하기에 이른다.

많은 문인들이 병원을 찾고 쾌유를 빌었지만, 未完을 남긴 채 1983년 11월 10일 오전9시 '야위고 야윈 내 體重이 함께 실려 '鄕里인 元亨里로 시집 제목처럼'한 줄기의 煙氣'가 되어 날아가 버리고 말았다.

그뒤 10년만인 1993년 주옥같은 유작이 발견되어 유고시집이 꾸며졌다. 유고시집에는 『한 줄기의 煙氣』가 나오기 전인 60년대 후반에 썼던 것과 그 이후 틈틈히 써 지상에 발표했던 것 그리고 미발표작 등이 실렸다. 유고시에는 삶 자체가 어떠하건 간에 끈끈한 애정과 고뇌가 깊숙히 자리잡고 있으며 특히 生에 대한 연민이 스며있음을 볼 수 있다. 물론 그것은 그의 초기시부터 보여주고 있는 '진실추구'에서의 근원이나, 미발표작인 후기시에 이르면 '모든 것'에 대한 사랑과 生에 대한 긍정적 모습이 선명하다.

한 대낮에
나는 깊고 깊은 암흑을 파내며
동사무소 의자에 앉아 있었다.
겨울 아침 안개처럼 모호한
인생의 눈덩이를 굴리다가
천천히 혹은 돌연히 내게 밀리는

생애의 질문을 받고
이름모를 산꽃이 피다 진
그 쓸쓸한 몸짓으로
내 전신에 쌓인 암흑을 파내며
나는 자꾸 불을 켰다.

-「자화상」에서

위 시에서 우리는 그의 젊은 날의 모습을 떠 올릴 수 있다. 그가 서울에서 大田으로 내려와 삶의 한 방편으로 찾은 직장의 틀 속에서 그 어떤 '새로움'을 희구하며 자신을 일으켜 세우기에 고뇌하고 있다. 그 고민은 "시청 2층 계단 앞의 큰 거울 속에/흐트러진 머리칼을/가슴으로 털며/사회과 창 곁의 내 의자에선/「희망」이라던지, 「젊음」이라던지 하는/단어들이 들끓으며/그리고 참으로 조용하게 침몰하는 이유를"(「'69 봄에서」)에서 볼 수 있듯 심각한 하향의식을 드러냈다. 부여된 삶에 최선을 다하면서도 그의 정신 양태는 '부상'과 '침몰'이라는 두 의식 속에서 '새로움'의 '자기 달성'을 위한 모색에 고민하고 있는 것이다. 자기의 위치가 현실과 유리될 때 나타나는 현상은 누구에게나 충격적일 수밖에 없다. 그에 있어 충격적 고민은 내적으로 누구보다도 깊은 곳에서 들끓고 있지만 외적으로는 드러내지 않는 품성 그것이 그다운 그의 무거운 면모였다. 기쁠 때 입가에 번지는 미소, 슬플 때는 두터운 안경 속에 이슬처럼 유난히 크게 보이는 눈동자 그것이 언제나 주위를 압도한 '정'의 위력이었다.

충권아,
밤마다 술취해 웃는 이유를
네 엄마는 부활하려고, 더 왜소해 지려고

하는 노릇이라고 말한다.
(생략)
엄마가 아픈 저녁
우리들의 밥상은 쓸쓸하였고
너는 마루치 아라치가 되어 내 가슴을 쳤지.
-「밤마다 술취해 웃는 이유를」에서

이렇게 삶에 대한 자기의 풀길 없는 고뇌를 사랑하는 가족으로 하여 해소하려는 자세, 그의 진한 정은 바로 자신의 것이 아니라 가족의 것이 아니었나 싶다. 침묵 깊숙한 곳에서 피어오르는 화사한 꽃송이 그것은 애틋한 가족의 몫이었고 우리 모두의 향기였다. "목마른 세상을 흔들리며 흔들리며/한 묶음의 꽃으로 스러지고 남은 자리마다/아이는 빛나는 별을 안아다 놓았다./은종이를 접어 별을 만드는 아이 곁에서/나는 결국 서툰 방해만 하였고/구겨진 별을 움 켜지고/펑펑 우는 아이를 보며/ 울지도 못하는 나는 추위 속에서 아이의 눈물어린 눈에 잠긴 별/그 아득한 벌판을 바라보았다."(「별을 만드는 아이 곁에서」 중에서)는 것은 자신의 가장 소중한 '사랑'을 주면서도 아득한 벌판을 생각한다는 것은 지난 시절에 대한 회상인 동시에 내일에 대한 새로운 생성의식이다. 이런 가운데 현실에 대한 빛의 감홍은「은진에 가서」에서 확연하게 드러난다. "대단하게 살찐/커다란 부처님을 배경으로/말라빠진 작은 우리들은" 왜 기념사진을 찍는가. 이것은 내일을 위한 오늘의 기념사진이며 자기를 극복하려는 정신세계로부터의 발원된 의식이라 할 수 있다.

가을이 떨어진다. 언제나 낯익은 골목어귀의 나뭇
가지 위에 사랑 같기도 하고 동화 같기도 한 하늘이

뭉턱 걸려있는 그 사이에 작은 새 한 마리가 날아와 앉았다.

바람은 검은 머리칼을 푸르게 헤치며 무슨 의미인지 잘 알 수 없는 부드러운 얼굴로 달아났고, 햇빛에 기대선 건강한 소녀의 종아리가 아름답게 빛나는 그 나무 아래서 드디어 한 마리 새는 왼통 갈색 뿐인 노래를 부르기 시작했다.

-「가을」 전문

그는 자신에게 닥쳐온 병마를 알고도 한 동안 내색도 하지 않았지만 스스로 무너져 내리고 있음을 감지하고 있었던 것이 아닌가 짐작된다. 건강을 잃는다는 것은 결국 '모두'를 잃는다는 사실을 알면서도 가냘픈 새가 될 수밖에 없는 인간존재의 힘을 인식하고 있었던 듯 싶다. 건강한 소녀의 종아리와 갈색노래를 부르는 새 한 마리의 대립은 '알 수 있는 존재'와 '알 수 없는 존재'의 대립인 동시에 '강'함과 '약'함의 상징이다. 그런가 하면 소녀의 건강한 종아리는 인간의 본능이며 새의 갈색노래는 숙명적이라 할 수 있는데 그에 있어 '소녀'는 그의 가슴이 그리고 있는 '희구'이며 '새'는 부정할 수 없는 '현실'의 실체가 아닌가. 시 「권유」에서는 자연의 질서있는 푸르름을 갈구하면서 "죽음을 이기기 위하여/아직도 얼마나 많은 말이 나는 필요한가"라고 이길 수 없는 그것을 역설적으로 나타내면서 삶을 사랑하고 있다.

빛나는 노동으로 뉘우치던 사랑
몸부림하며 솟아오는 저 파도의 알몸에
아픈 혼이 흩날리는 평화의
아침을 던지고

흰 물살이 부푸는 체온을 남기며
오늘은 푸른 시절의 깃발이 되려 한다.
-「바다에 와서」 중에서

그는 병마와 싸우면서 시 정신은 늘 자연 속에서 서성이거나 파묻혀 건강을 찾으려고 노력했다. 털어 버릴 것도 없는 것을 바다에 훌훌 털고 파도처럼 싱싱하게 숨쉬며 살고자 했던 그 정신은 후기 시에서 더욱 두드러지게 나타났다. 이를테면 시 「풀밭」에서 보여주고 있는 '풀밭'은 현존하는 풀밭이 아니라 이미 그의 가슴 한 복판을 차지하고 있는 '생명의 체온'인데 이것은 그가 새로운 모습으로의 탄생을 갈구한데 따른, 의지의 상상력에서 나온 통일화의 한 작용이라 할 수 있다.

그의 짧은 생애-. 규범만을 찾은 것도, 이상만을 추구한 것도, 더더욱 현실만을 지향했던 것도 아닌, 오직 정에서 우러나는 아름다운 진실 그것만을 위해 살다간 그였다.

구수한 목소리로 어디선가 "형님"하고 부르는 것 같다. 그가 우리의 곁을 떠나간 지 어언 10년, 이제 아담한 시비라도 하나 세워 그에게 빚진 정을 갚아야 하겠다.

‘인생의 가슴에 꽃피운 자연서정’

대전출신 작고문인연구 ‘이덕영’ 시인편에서

김 용 재(시인, 문학박사)

1.

이덕영 시인은 1942년 대전에서 태어나 일생의 대부분을 주로 대전에서 보내면서 공무원 생활을 했고, 1983년 사십 초반의 아까운 나이에 세상을 하직했다. 친구를 좋아하고, 술을 좋아하고, 그러나 그들보다 더 좋아하는 것은 침묵과 고독과 그리고 따뜻하고 소박한 정서라고 할 만큼 그는 조용하고 차분한 성격을 지닌 채 시심을 갈고 닦았다.

일찍 어머니를 여읜 슬픔의 가정환경이, 그를 방황하고 비틀거리게 했고 날(刀)이 설만큼 예리한 문명의 사회가 그를 술 마시게 했지만 그러나 그는 시에 대한 정열을 결코 흐트러뜨리지 않았고 타고난 문학의 바탕에 자신의 목소리를 담는데 아낌없는 노력을 경주해 왔다. 고등학교를 갓 졸업한 대학 초급학년 시절이던 1963년에 그는 이미 시조부문에서 〈한국일보〉 신춘문예 당선과, 〈동아일보〉 신춘문예 입선이라는 2관왕의 영예를 목에 걸고 세상을 놀라게 했으며 촉망받는 미래의 기수로서 문단에 얼굴을 내밀었다. 비록 과작이었지만 그 후 그는 한 편 한 편 역작을 내 놓으며 오히려 자유시의 바탕을 더 튼튼히 했다.

고향에서 배우고 익힌 한국적 토착언어에 관심있게 접근하면서 아름답고 번뜩이는 서정의 세계를 승화시켜 왔다. 그의 작품은 결국 자연과 정서적 同一視의 시였다고 생각해 볼 수 있을 것이다. 다시 말하자면 시가 곧 자연이오 '자연으로 돌아가고자 하는 노력'의 일환이었다. 그렇기 때문에 그의 시는 자연 속에서 살아 움직이는 시인 자신의 '심리적 사실'이었으며 한편으론 우리들의 '세상사'였던 것이다.

언제 읽어도 정감이 넘치고 생명력이 있는 향수를 뿜어내는 듯한 그의 시였다. 많은 독자들이 그래서 그의 시를 그리워했다. 그럼에도 불구하고 그는 등단 13년 만에 시집 「한 줄기의 煙氣」를 남겨놓고 후속 시집도 없이 정말 한 줄기의 연기되어 자연으로 돌아갔다. (하략)

이덕영 시인이 세상을 떠난 지 10년이 지난 1993년 7월 한밭시인선 간행위원회에서 그의 유고시를 모아 「푸른 것이 더 푸른 날」이란 시집을 세상에 내 놓았다.

본고에서는 「한 줄기의 煙氣」와 「푸른 것이 더 푸른 날」을 중심으로 그의 시세계를 다시 조명해 보고자 한다.

2.

江이 조용히 빛나고 있었다.
江가에 가득한 밀밭위로 바람이 넘치고 있었다.
흰 모래톱에 던지는 돌 팔매
하늘 위의 몇마리 새들과
無心한 물결이
빈 가슴에 들어 와 어둠을 허물고 있었다.
키 큰 밀밭 사이로
지난 밤의 하찮은 不限이
구름처럼 사라져 가는 것이 보였다.

-「新灘津」 전문

이덕영의 첫 시집 모두(冒頭)를 장식하고 있는 작품이다. 그의 시 세계를 가장 잘 변호해 주는 작품일 것만 같다. 신탄진은 시인의 고향 주변에 있는 마을이며 도시의 끝에 위치해 있다. 금강의 한 줄기가 펼쳐져 있고 시인이 자주 찾아가는 곳이었다. 지금 그 신탄진에서는 강과 빛이 만나고 있고, 밭을 이루고 있는 키가 큰 밀과 더불어 바람이 놀고 있다. 흰 모래톱에 돌팔매를 던지며 이제는 시인도 함께 끼어든다. 말없는 순리를 인식하며 조화와 조응의 세계를 차지하는 시인의 가슴에는 벌써 카타르시스의 빛이 찾아든다. 그래서 어둠은 허물어지고, 현실적 고민과 고통과 고뇌로 대변되는 지난밤의 不眠같은 것도 구름처럼 사라져 가는 것을 보게 된다. 자연과의 동화를 통해 새로움의 活力을 예비하고 시정신은 승화된다.

대체적으로 본 이덕영의 시세계이다. 그렇게 이덕영의 가슴에는 언제나 자연이 들어와 있고 그 자연 속에 시심이 익어간다. 자연의 언어와 자연이 있는 가슴의 언어로 신선한 시의 집을 짓고 있는 이덕영은 그래서 행복해 보이기도 한다. 그러나 어느 한 시인이, 아름다운 한 세계만을 간직할 수 있도록 세상이 그렇게 너그럽다거나, 일방적인 시점만을 제공하는 것은 아니다.

> 봄밤의 滿潮가 하나 가득 실려서 간다.
> 살구나무 아래의 無許可 술집
> 그 알싸한 醉氣가 실려서 간다.
> 아득히 개 짖는 소리가 실려서 간다.
> 죄 없었던 날의 가슴속 거울이 실려서 간다.
> 개구리 울음뿐인 먼 마을이 실려서 간다.
> 무겁고 무거운 마음과
> 야위고 야윈 내 체중이 함께 실려서 간다.

-「貨物」 전문

화물(貨物)은 일차적으로 文明의 대명사다. 시골과 시골 사이, 자연과 자연 사이, 순수와 그 순수의 정감 사이를 뚫고 지나가는 긴 화물열차나 화물트럭 정도를 연상해 볼 수 있지만, 그러나 문명의 이기로서의 그 화물열차나 화물트럭이 문제의 요점이 되고 있는 것은 아니다. 화물로 실리어 가는 봄밤의 滿潮, 무허가 술집의 취기, 개 짖는 소리, 가슴속 거울, 개구리 울음 뿐인 먼 마을 등, 친숙한 거리에서의 시인의 세계가 동요되고 있다는 사실에 더 문제점이 있는 것이다.

시인의 무겁고 무거운 마음과 야윈 체중이 함께 실려서 가고 있으니 시인은 분명 어느 목적지도 없이 배가본드의 길에 들어서 있는지도 모를 일이다. 인상으로 젖어있던 정황에 대한 아쉬움과 떠나지 않으려는 수동적 자세의 몸부림도 상상해 볼 수 있지만, 그래도 시인에게는 어딘가 훌쩍 떠나서 다다르고 싶은 세계가 있는 것이다. 그곳이 문명의 세계이던 낙후된 문화의 세계이던 현실을 굴절시켜 볼 수 있는 더 다른 차원의 현존을 시인은 원하고 있는 것이었다.

그러나 시인은 이상향의 탐미적 도취보다는 현실도피의 감각과 사색의 길을 더 원했고, 문명의 이기(利己)에 안주하는 사회적 위안보다는 역동적 자아실현의 충동을 시심으로 투사하는 일에 더 적극적이었다고 생각해 보는 것이다. 주어진 현실에 만족할 수 없고, 그래서 끊임없이 현실을 초월하고자 노력하던 시인의 가슴속은 아마도 우울한 낭만의 그림자가 짙게 드리워져 있었을 것이다. 그래서 「貨物」은 유형의 재화로서의 객관적 문명을 상징하고 있는 것이 아니라, 시인의 체중이 실려 있는 삶의 현장감, 그 세월을 각인한 것이며 우울한 낭만의 의지를 회화적으로, 또는 감각적으로 형상화한 것이다.

시인 주근옥은, 이덕영의 어린 시절의 가출 경험을 접맥시키고, I.

A 리차즈의 포괄론을 가깝게 끌어들여 그의 시 「貨物」을 파악하고 있는데, 포괄의 시(poetry of inclusion)는 '시각, 청각, 촉각, 미각 등과의 마음의 어우러짐' 앞에 이질적 경험의 조직과 상반, 또는 상충되는 많은 충동이 균형과 조화를 이루는 데 있는 것이었다.

달이 떴었지.
酷寒에 시달리는 물결의
늠름한 어깨 위에서
아름다운 戰爭이었던가, 불길이었던가
무수한 까닭이 되어 떨어지는
強한 勞動을 보았지.
야망을 흔들며
피워 올리는
바람 속의 微熱.
맨살로 춤을 추는 뱃머리의
그 들끓는 음성 사이에서
나는 땀을 캐고 싶었지.

잊힌 目的을 불 붙여 들고
豫備한 일 없는 千萬里 밖의 視野가
모두 바라보이는
나의 허약한 체온을 누가 收穫할 것인가.

떠나고 또 돌아오는 곳에서
지금 밤이 깨어나서 일제히 휘날리는 몸짓 속에서
잠 안자는 바다에게

>

깊고 깊은 나의 말을 다 바쳤지.

사랑보다 많은 별을 다 바쳤지.

-「南海에 와서」 전문

이덕영 시인은 화물처럼 실려서 남해에 왔을까? 이 시에는 달밤에 보는 바다의 정경이 정열적으로 나타나 있다. 그 정열 속에는 젊음의 충동이 있고 삶의 충동이 있다. 어떤 철학적 사상이나 이념에 예속되지 않은 소박성이 또한 감각의 기쁨으로 승화되고 있다. "자연의 상징성과 더불어 强한 詩精神"이 점철되고 있음을 다시 주목해 볼 수 있을 것이다.

물결의 늠름한 어깨와 그 근원으로서의 강한 노동, 야망으로 살아나는 바람과 바람의 미열. 다시 뱃머리 물결의 들끓는 음성 사이에서 감지하는 땀의 비중. 그리고 이에 대비해 보는 나의 허약한 체온. 깨어있는 밤의 몸짓 속에서 잠 안자는 바다에게, 시인은 이제 말을 다 바치고 별을 다 바친다.

개략적으로 파악해 본 시의 줄거리이지만 정서적 경험에 대한 적절한 태도를 견지하며 감정이입(empathy)으로서의 강한 서정성과 우수한 표현력이 돋보이고 있다. 감각과 사색, 현실과 꿈 사이에서 찾는 시인의 탐미주의가 또한 시의 내면을 채색하고 있다. 그의 경험과 정서는 오히려 충동의 상태에서 안정된 것으로 파악이 된다.

3.

푸른 밀밭에서는

누구나 푸른 밀밭의 가슴을 가질 수 있다.

강물 출렁이는 소릴 담으며

밤 새워 가슴 더운 피리
풀길 쌓이는 만큼의
꽃피는 미열을 견디고
목쉰 안깐힘만 흔들 것이냐.
전등 불빛 아래서의 모든 말들은 거짓이다.
아무리 피 같은 진실도 거짓으로 놓이고
거짓으로 흐를 뿐이다.
늠름히 참으며 쓰러지는 물결
눈물 투성이의 별빛을 건져내는 개구리 떼.
등잔불 아래서의 모든 말들은
진실이다.
정말 아닌 수많은 거짓도
진실로 보이고 진실로 빛난다.
밤은 적당한 어둠을 배경으로 어두어야 한다고
푸른 밀밭이 수런댄다.
등잔불이 되어서 바라보는
강물은 이미 홀로의 흐름이 아니다.
무한히 나누어 가질 수 있는 허용.
푸른 밀밭에서는
누구나 푸른 밀밭의 가슴을
가질 수 있다.

-「밀밭」 전문

상징적 시어 기능으로서의 지시적 의미(referential meaning)를 드러내고 있는 「밀밭」은 자연을 보는 경험으로서의 이덕영 시의 원천이 되며 또 하나의 푸른 생명으로 부각이 된다. 푸른 밀밭에서 푸른 가슴을 가질 수 있는 시인의 의지는 결국 누구나의 마음으로 확산할 수 있음을 처음부터 명백히 하고 있다.

그러나 이 의지는 시골의 자연적 정서와 도시의 문명적 정서 사이에서 갈등을 일으킨다. 밀밭을 보는 경험과 문명을 인식하는 충동이 대립적 이분법으로 지시된다.

문명의 상징체계로 나타나고 있는 전등불빛과 그 불빛 아래 놓이는 거짓의 말들은 어떤 경우에도 진실에 접근하지 못한다. 문명의 이기품이긴 하지만 낙후된 이미지를 형성하며 오히려 자연적이고 시골 풍경에 어울리는 등잔불과 그 아래 모든 말들은 진실이며, 수많은 거짓도 진실도 보이고 진실도 빛이 난다. 푸른 밀밭과, 등잔불과, 강물의 흐름은 그래서 무한한 관용의 세계이고 조응의 세계이며, 이 세계는 푸른 가슴을 가꾸는 의지의 꿈으로 펼쳐지고 있는 것이다. 그 꿈은 사실상 고향에 뿌리를 내리고 있으며, 뿌리 인식으로부터 정신적 건강함을 더해 간다.

> 우리 고향 元亭里 진달래는
> 우렁산의 우렁우렁한 음향이 스며있고
> 豆溪川의 물결소리가 배어 있다.
> 아버지의 지게가 유난히 밋밋하던 그 해 봄
> 할머니의 두견주 빚는 솜씨를 흠모하던 어머니는
> 진달래 꽃잎을 따다 아기를 낳으셨다.
> 부엉이가 울고 아랫목 꽃 繡가 오롯한 밤
> 달빛 가득한 지붕 너무
> 청솔가지 그림자가 사랑채 창호지 문을 때리면
> 할아버지는 마치 대추나무 같은
> 정정한 기침을 하시며

언덕 아래 밀밭의 키 크는 꿈을 꾸신다.

-「봄밤」 전문

봄밤에 뒤척이는 마늘밭의 지푸라기와
봄밤처럼 젊은 아비의 가슴은 지치지 않는다.
팔린 할아버지의 萬坪 논에서
개구리는 울고
아카시아 피어오르는 지붕 아래
정든 된장들이 끓는다.
아름답게 머물기 위해
멀어지는 물소리와 같이
우리도 헛되이 흔들지 않는다.
시들은 풀잎의 이슬도 헛되이 깨뜰 수 없다.
꽃잎 놓이는 자리마다
따뜻이 넘치는 어머니의 눈물.
그것처럼 한없는 날의
봄이 가고 있다.

-「元亭里」 전문

산업주의와 과학발전의 역동적 사회분위기 속에서도 이덕영 시인의 시심의 안테나는 변함없이 고향의 '봄'에 세워져 있다. 한 가족의 가난한 일상과 정정한 생존 사이에서 꽃피는 전통의식과 소박한 꿈이 「봄밤」을 수놓고 있으며, 지치지 않는 생활의지와 따뜻하게 가꾸어 온 어머니의 사랑이 다시 「元亭里」에 살아난다. "한시도 잊지 않고 자연을 노래한 그는 자연에서 모든 삶과 향수 그리고 눈에 희미하게 떠오르는 어릴 적 어머니에게서 정을 찾곤 했다고 할까. 아름답게 머물기 위해 멀어지는 물소리와 같이, 그는 늘 서정의 흔들리지 않는 내면과 사라지는 것들의 온후한 추억들을 현실로 잘 가꾸어 놓는다." 조연현의 지적대로 "어떤 사물 속에서도 서정을 통한 그의 사상의 발견은 주목받을, 감동할 그의 시적 수법인 동시에 뛰어난 그의 정신의 능력"이라 할 수 있는 것이다.

4.

쉬클로브스키(Viktor Shklovsky)와 더불어 러시아 형식주의의 대부격이었던 야콥슨(Roman Jakobson)은, 시는 '일상 언어에 가해진 조직적인 폭력'이라고, 유명한 말을 남겼다. 그 폭력은 음성조직과 통사법 (syntax), 그리고 의미의 영역에 작용이 된다. 특히 우리는, 시에 의해서 허물어지는 일상 언어의 국면을 생각하게 되는데, 시의 언어는 그 언어의 제2차적 의미나 또는 부수적 의미를 기능화 한다는 점에서 일상 언어와 구별이 된다. 같은 차원에서 아이헨바움(Eikhenbaum)의 말을 인용하면 '언어(단어)는 운문 속에 투입될 때 일상 언어의 굴레를 벗어나게 되고' 그래서 그 언어는 '새로운 의미의 향기에 쌓이게 된다.'

유고시집으로 나온 것이지만 「푸른 것이 더 푸른 날」에서 이덕영 시인은 상당한 폭력의 시어를 구사한다. 그 폭력의 시어는 새로운 의미의 기반을 형성한다.

> 목척다리 위에서 우리들이 갈긴
> 오줌은 지금 어느 바다 위에 떠 있을까.
> 밤새껏 냄새 속에 함께 갈기던
> 오줌은 어느 대륙에 스미었을까.
>
> -「터득II」에서

저녁 때 비릿한 밤꽃 냄새 때문에
술마시던 일 있다.
잔등에 나부끼던 어스름 위로
오줌 갈기며
당당해 하던 날
선생님은 풀잎의 소리가
눈가에 빛나는 것에 관하여 말하였다.

- 「끈을 당기며」에서

어떤 것을 태우랴 보리밭가에 서서 뜨거운
오줌을 갈기며 서걱이는 수숫대를 발로 참.
짚가리 위에 무서리가 내리고 있음.
추수로 얻은 평안이 지붕 아래 잠듬.
탈춤을 추며 여위는 가을에게
무엇을 준비하느냐고 묻지 말아야 함.

- 「가을 기행」에서

목척다리 위에서 갈기던 오줌
상업은행 문 앞에다 토해내던 콩나물가닥
나으리 머리 위에 쏟아붓던 구정물
불 타던 맹꽁이 차 클랙션 소리
이것들이 지금
빛나는 바다, 튼튼한 대륙 속에
진한 거름이 되었구나.
뒷간에 쭈그리고 앉아서
연탄값, 수도세를 걱정하는

나는 그래도 잘난 놈이다.

-「어떤 헌사」에서

이들 시에 나타난 폭력의 근간은 '오줌 갈기기' 이다. '오줌에 뒷나무' 같은 불편부당한 현실적 사연들을 많이 눈여겨보면서 그 불만의 현실에 배설의 행위를 가하는 시인은 결국 안주의 세계가 없는 것일까.

「터득II」에서는 문명의 도시에서 등잔불 오롯한 시골을 그리워하며, 그 시골에서 한 그루의 나무가 되어 있는 분을 만나고 싶어한다. 「끈을 당기며」에서는 대청댐 수몰지역의 옛 정서를 살려내며, 밤꽃 냄새와 술 마시며 만나던 풀잎의 순수를 겨냥한다. 「가을 기행」에서는 욕망의 포로가 되어 살던 일상의 굴레를 벗고 속깊은 서정의 들판으로 다가서는 심상을 그려내며, 끝맺음의 말들을 재단하듯 처리하고 있다. 그것도 일종의 폭력이 아닐 수 없다.

「어떤 헌사」에서는 '병들어 울던 많은 날'을 돌이켜보며, 눈치 보지 않고 당당하게 살던 삶을 반추한다. 불만의 현실에 대응하는 언어 자체가 불만스럽다 할지라도 시인이 지향하고 있는 삶의 세계나 시의 세계는 변함이 없고 오히려 폭력의 언어에 의해 강화되고 새로워진다. 그의 시에 여러 차례 나타난 폭력의 '오줌 갈기기'는 시에 있어서의 어떤 외도가 아니라 자연으로 돌아가고자 소망하는 더 다른 열정의 표현일 수 있는 것이다.

저무는 들길에 서서
무엇을 고백할까 잠시 망설였다.
흰빛 잎마름병이 번지는 만평의 논에
아버지는 힘겨운 농약을 뿌리시고

질경이 풀 밟다가 노을이 멀어간 후
콩밭너머로 아이들의 이름이 불리어지고
울타리가에 등불같은 호박꽃이 피어났다.
모깃불로 태워지는 왕겨와 보릿대짚 앞에서
허락하지 않아도, 고백하지 않아도
세상 위에 천한 것은 아무것도 없음을
아르켜 주었다.
저무는 들길에 서서 산간지방의
쾌청한 일기를 오래 바라보았다.

-「들길에 서서」 전문

들길에서 본 우리들 농촌의 전형적인 풍경이다. 그 풍경은 아름답다. 천한 것이 아무것도 없음을 알려 주기에 더욱이 아무것도 없음을 알려주기에 더욱 그렇다. 흰빛 잎마름병이 번지는 논에 농약을 뿌리는 아버지의 거룩한(?) 노동을 배경으로, 질경이풀과 노을, 콩밭과 아이들, 울타리와 호박꽃, 모깃불용 왕겨와 보릿대짚, 그리고 바로 그 산간지방의 쾌청한 날씨가 시인의 가슴속에 차분하게 잠기는 것을 볼 수 있다.

소박하고 담백한 인상을 주면서 내면의 정신을 다스리고 있는 시인의 마음이 너그럽고 푸르다. 워즈 워드의 시구에서 보듯, 시인의 마음은 역시 자연계의 모든 형상들이 사는 저택(a mansion for all lovely forms)이며 시인의 기억은 모든 감미로운 소리와 조화의 거처(a dwelling place for all sweet sounds and harmonics)가 되고 있는 듯하다.

이렇게 이덕영 시인은 마음을 크게 열어놓고 자연과 밀착되어 있는 농촌의 모든 형상과 감미로운 정서를 이상처럼 포용하고 있는 것이었다.

원형갑의 지적대로라면 그의 농촌에 대한 관심은 '농촌이 가장 동경할 만한 인간의 이상'(자연성)이란 점에서가 아니라 도시와의 대조, 문명적 富와의 비교에서이다. 도시로부터 착취되고 수모받고 내버려진 일련의 정치적 이유에서인 것이다.

그렇다 해도 이덕영의 시는 결국 인생의 가슴에 꽃피운 자연서정의 시로서 빛을 발하고 있는 것이다.

5.

자연과 친하고, 자연과 교감하고, 그 소박하고 아름다운 시심을 인생의 가슴에 꽃피우려 부단히 노력했던 이덕영 시인은 "'새로움'의 '자기달성'을 위한 모색에 고민"했고, "자기의 위치가 현실과 유리될 때 나타나는 충격"을 안으로 새기며 언제나 情이 있는 생활을 했고 情이 새겨진 시를 썼다.

그리고는, '햇빛에 기대선 건강한 소녀의 종아리가 아름답게 빛나는 그 나무아래서 드디어' '왼통 갈색뿐인 노래'를 부르던 그때의 '한 마리 새'처럼 (「가을」에서) 일찍 이승을 떠났다. 더 이상의 말 대신, 새로운 세계를 갈망하며 고뇌하던 그의 이승의 모습이 새겨진 「자화상」 전문을 마지막에 옮겨 놓는다.

> 한 대낮에
> 나는 길고 깊은 암흑을 파내며
> 동사무소 의자에 앉아 있었다.
> 겨울 아침 안개처럼 모호한
> 인생의 눈덩이를 굴리다가
> 천천히 혹은 돌연히 내게 밀리는

생애의 질문을 받고
이름 모를 산꽃이 피다 진
그 쓸쓸한 몸짓으로
내 전신에 쌓인 암흑을 파내며
나는 자꾸 불을 켰다.

푸른 얼굴이여,
하늘에 박아둔 내 얼굴이여.

| 미주 |

1) 이덕영의, 1963년 〈한국일보〉 신춘문예 시조 당선작은 「화석(化石)」이었고 같은 해 〈동아일보〉 입선(가작 1석)작품은 「꽃」이었다. 그리고 그는 1966년에 문화공보부 신인예술상을 수상하였고, 1976년에는 대전시민의 상(문화부문)을 수상했다.

2) 元亨甲, 「李德英의 自然과 脫意味」 - 이덕영 시집 「한줄기의 煙氣」 해설 부분.

3) 한밭시인선 간행위원회 명의로 발표된 李德英 유고시집, 「푸른 것이 더 푸른 날」 서문의 대부분에 해당되지만 필자의 글이었기에 다시 본고에 이용함.

4) 이덕영 시집은 본고에 제시된 2권 이외에, 등단 이전의 3인 시집 「太陽을 안고」(1961. 11월. 三友출판사:尹忠, 姜信本 공저)가 있으며 아직도 책으로 묶여지지 않은 時調작품 등 다수가 남아있다.

5) 주근옥, 「그리움과 체온으로 느끼는 목소리」(李德英 論) 《대전문학》 제12호(1995.5)

6) 文德守 編著, 「世界文藝 大辭典」下卷, 서울 · 成文閣, 1975. p. 1595.

7) I. A. 리차드에 의하면 미적 경험, 미적 정서 같은 특수한 정신활동이 따로 있는 것은 아니다. 예술작품에서 취급되는 경험이나 일상현실의 경험이나 그것이 감정이입(empathy)이란 점에서 동일하다. 그러나 예술에서 취급된 경험은 일상경험보다 조직적이고, 질서가 잡혀있고, 잘 전개되어 있다는 것이 차이점

이다. 그리고 美의 개념은, 잡다한 경험과 충동(impulse)이 균형과 조화의 상태에서 안정된 것이다.

8) 박명용, “목이 쉰 진달래 울음” - 李德英 시집 「푸른것이 더 푸른 날」 문경출판사 1993.7.p.119

9) 조연현, 「한줄기의 煙氣」 서문.

10) poetry, says Jakobson, ic ‘organized violence committed on ordinary speech.’ Ann Jefferson and David Robey ed. Modern Literary Theory (Totowa, new Jersey, 1982), p.29.

11) As Eikhenbaum puts it ‘as words get into verse they are, as it were, taken out of ordinary speech. They are surrounded by a new awia of meaning.’ Modern Literary Theory, p. 21.

12) William Wordsworth(1770-1850)의 시 ‘Lines Composed a Few Miles Above Tintern Abbey’, L. 140.

13) 위 시 L. 141-142.

14) 元亨甲, 「李德英의 ‘自然’과 脫意味」

15) 박명용, 「목이 쉰 진달래 울음」

'고향상실과 현실의 고통'

대전출신 작고문인연구 '이덕영' 시인편에서

김 완 하(시인, 문학박사)

1. 머리말

이덕영 시인은 1942년 8월 8일 대전시 서구 원정동에서 출생하였다. 1962년에 대전공고와 1964년에 서라벌예대 문예창작과를 졸업한 후, 1966년에는 고려대 국문과를 수료하였다. 그의 문단 데뷔는 1963년에 〈한국일보〉신춘문에 시조 부문에 「화석」이 당선되고, 같은 해 〈동아일보〉신춘문예 시 부분에서 「꽃」이 입선됨으로써 화려한 출발로 이루어진다. 이후 1966년에 문화공보부 신인예술상과 1976년에는 대전시 문화상을 수상한다. 그는 한국문인협회 충남지부 사무국장과 부지부장을 역임하기도 하였다. 1978년에 박명용, 이장희, 한병호, 조완호, 김용재 등과 함께 동인지《백지》를 창간하기도 했으나, 애석하게도 간경화증으로 시달리다가 1983년 11월 10일에 운명을 달리하였다. 지금은 고향 근처인 충남 논산군 벌곡면 조령리에 잠들어, 그가 생전에 그렇게도 그리워하던 자연의 품에 안겨 있다.

그가 남긴 작품으로는 고등학교 시절부터 시적 열정을 보임으로써 1961년에 발간한 3인 시집 『太陽을 안고』(姜信本,尹忠과 함께)에 실린 시 「거울」외 12편, 1976년에 간행된 첫 시집 『한줄기의 煙氣』에 실린 「新灘津」외 45편 그리고 1993년 그의 유고 시집 『푸른 것이 더 푸른 날』에 수록되어 있는 권유」외 70편을 합해서 모두 130편이다.(아직 그의 시편이 더 발견될 수 있다는 점에서 이 숫자는 유동적이다.)

그의 나이 마흔 두 살에 이 세상을 떠남으로써 그가 생전에 남긴 개인 시집은 단 한 권뿐이었다. 이렇게 볼 때 문단활동 20여년에 걸쳐서 그가 남긴 시의 양은 그다지 많다고는 할 수 없다. 그러나 그가 일구어 놓고 간 시세계는 충분히 주목해 볼 만하다고 하겠다. 이제 그가 타계한 지도 벌써 12년을 넘기고 있다. 따라서 그의 시를 좀더 관심있게 읽어보는 일이 필요하다.

이 글에서는 그의 시의 전반에 나타나는 특징적 양상을 살피고자 한다. 그의 시세계는 기본적으로 순수한 자연과 생명을 지향하고 있다. 그리고 현대 산업사회에서 자연과 생명이 상실되어 가는 데서 오는 고통과 문명 비판적 의식이 드러난다. 아울러 그의 시세계는 첫 시집 『한 줄기의 煙氣』에서 유고 시집 『푸른 것이 더 푸른 날』사이에 상당한 변모를 발견할 수 있다. 이 글에서는 그러한 점들을 검토함으로써 그의 시세계에 대한 접근의 통로를 모색해 보고자 한다.

2. 순수한 자연과 생명 지향

이덕영의 시세계는 자연에 대한 시적 탐구로 드러난다. 그의 고향이자 성장 배경이 되는 전원을 상상력의 토대로 하여 향토적 서정과 자연의 생명력을 형상화해 내고 있다. 이 점에서 그의 시는 전통 서정에 깊은 뿌리를 두고 있다고 할 수 있다. 그러기에 그의 시적 공간은 주로 봄이나 여름의 자연 속에서 펼쳐진다. 그의 시는 더욱 우리의 토착적인 언어에 접근하면서 그 속에서 빚어지는 서정의 아름다움을 아주 효과적으로 추구하고 있다. (조연현) 그의 시는 서정시의 정통적 차원에서 출발하여 대상에 접근해 간다.

서정시는 일반적으로 대상에 대한 동일성을 추구한다. 자아와 세계 사이의 동일성을 추구함으로써 대상과 화자는 일체가 된다. 결국 시는 자연이라는 동일성의 회귀에 다름아닌 터이다. 따라서 그의 시적 화자는 대상에 대한 객관적 관찰의 입장이 아니라, 사물과 자아가 하나로 융화되어 나타난다.

(1)

江이 조용히 빛나고 있었다.
江가에 가득한 밀밭 위로 바람이 넘치고 있었다.
흰 모래톱에 던지는 돌팔매
하늘 위의 몇 마리 새들과
無心한 물결이
빈 가슴에 들어와
어둠을 허물고 있었다.

-「新灘津」에서

(2)

산딸기의 가슴들이
깊은 노을 속에 터지고 있다.
얼룩지는 뺨을 부비며
먼 바닷벌로 돌아가는 풀 비린내
이제 긴 여름이다.
마른 쑥대가 타고
수만 개의 모래가 울고 있다.

-「한여름의 回歸」에서

(3)
남은 황혼을 징 소리로 펴내리
풀꽃이 피는 마을의
저녁 냄새가 되리
모깃불 煙氣, 머리칼에 밀리는
바람을 마시리.
논 귀마다 들판마다
지천으로 날으는 개똥불아.
알몸의 땡감은 알몸으로 여물고

-「저녁때 냉수」에서

이덕영의 시편들은 다양한 자연물을 등장시켜서 대상이 지닌 강한 생명력과 조화로운 모습을 제시해 주기 때문이다. 그의 시는 자연 속에 내재하는 생명의 약동성을 섬세하게 포착하고 있다는 점에서, 매우 진실한 체험으로 다가온다. 시인 이덕영이 사물을 바라보는 자세는 매우 집요하기 때문에 그것들과 자아 사이의 간극을 무화시켜 버린다. 그의 시에서 모든 언어들은 스스로의 의미세계에 정서적으로 독특하게 밀착하고 있어서 떼어내어 대상화하기에는 어려움이 있다. (원형갑) 이 점에서 그의 서정시는 대상과 긴밀한 정서적 구조를 지니고 있다.

시 (1)은 사물에 대한 묘사적 입장으로 형상화 되었다. 시인이 자연의 조화로운 모습을 바라보는 자세는 매우 진지하다. 이 시에 나타나는 '강', '밀밭', '바람', '새' 등의 소재가 지닌 싱싱한 생의 감각은 시적 자아와 일체감을 이룬다. 따라서 화자는 그 대상들과 함께 하고자 "흰 모래톱에 돌팔매"를 던진다. 그러면 자연의 이미지들은 시인의

"빈 가슴에 들어와/어둠을 허물고"있다. 이 시에서 자연은 곧 인간에게 생의 빛깔과 가치를 부여해 준다. 그만큼 자연의 순수성에 이덕영은 심취하고자 하였다.

시 (2)는 뜨거운 한여름 속에서도 싱그럽게 펼쳐지는 자연이 묘사되어 있다. 이 시의 시간 배경은 한여름이다. 여름은 자연이 가장 왕성한 생명력으로 넘치는 때이다. 여름의 태양이 불같이 이글거릴 때 "산딸기의 가슴들"은 "깊은 노을 속에서 터지고 있다." 생의 시련과 고통을 이겨내는 자연의 생명력과 힘을 보여준다. 이러한 점에서 이덕영이 자연을 인식하는 태도는 관조적 입장이 아니었다. 그가 인식한 자연은 생명의 숨결이 맥박치고 있는 삶의 현장이었던 것이다.

시 (3)에서도 여름의 강한 생명력을 보여준다. 자연의 왕성한 생명력은 상대적으로 여름에 가장 큰 인내를 필요로 한다. 그것들은 더위와 갈증 속에서도 꿋꿋하게 버텨내야 하기 때문이다. 그렇다면 자연에만 그것이 국한되는 일인가. 이러한 사실은 우리 인간 삶의 단계에서도 나타나는 것이 아닌가. 위 시에는 '땡감'을 통해서 여름이 결실을 위해서 매우 중요한 단계임 을 일러준다.

이상에서 살필 수 있듯이, 그의 시는 얼핏 읽으면 순수 서정시로 보이기도 한다. 그러나 그 의식 내면에는 인간과 자연을 매개해 낼 수 있는 어떤 가치를 지향하고 있다. 그리하여 자연 표상물은 독자들의 가슴에 들어와서 강하게 살아 숨 쉴 수 있게 되는 것이다. 그의 시에 나타난 자연이 지닌 생의 감각을 통해서 독자들은 삶의 활력을 회복할 수 있기 때문이다.

그의 작품이 인간과 자연을 매개해 낼 수 있는 어떤 가치를 지향하면서 그의 시에는 가족사적 일들이 다양하게 유입된다. 따라서 그의 시에는 자연의 모습과 함께 가족사적 삶이 은은하게 배어 있다. 요컨대 자연물은 객관적 사실로 존재하는 것이 아니라, 인간 삶의 일부분으로 수용된다는 점이다. 이덕영의 시가 자연과의 조화 속에 펼쳐졌던 가족사적 의미를 탐구해 갈 때, 궁극적으로 도달하는 것은 생명지향이다. 그것은 가난과 고통 속에서도 끈질기게 지속되어온 민중들의 강한 생명력이기도 한 셈이다.

(1)

우리 고향 元亭里 진달래는
우렁산의 우렁우렁한 음향이 스며 있고
豆溪川의 물결 소리가 배어 있다.
아버지의 지게가 유난히 밋밋하던 그해 봄
할머니의 두견주 빚는 솜씨를 흠모하던 어머니는
진달래 꽃잎을 따다 아기를 낳으셨다.
부엉이가 울고 아랫목 꽃 繡가 오롯한 밤
달빛 가득한 지붕 너머
청솔가지 그림자가 사랑채 창호지 문을 때리면
할아버지는 마치 대추나무 같은
정정한 기침을 하시며
언덕 아래 밀밭의 키 크는 꿈을 꾸신다.

- 「봄밤」 전문

(2)

감꽃이 떨어져 배고픈 날은
눈물겨운 노란 감꽃이 더 많이 떨어져
내 작은 키를 툭툭 건드렸지.

보리 익은 언덕배기 아래 깜부기 피리가 울고
어머니는 물 위에 그림자를 띄우며
무거운 빨래를 희게 씻어내고 계셨지.
핑그르 도는 눈으로
구름이 피는 대추나무 꼭대기를 바라보면
뻐꾸기 자꾸 산을 넘고
나는 풀밭에 곤두박질쳐
숨어 피는 하나의 풀꽃이 되고 있었지.

-「굴렁쇠가 되어」에서

위 시 (1)은 시인의 고향 '원정리'를 중심으로 조화롭게 펼쳐졌던 그의 유년이 노래되고 있다. '봄밤'을 싸고도는 정서는 가족사 속에서 드러난다. 가난한 삶 속에서도 '아버지, 할머니, 어머니, 나, 할아버지'가 보여주는 자세는 여유가 있었고, 늘 자연과 함께 조화를 이루고 있었다. 그만큼 이 시는 봄의 강한 생명력으로 형상화 되었다. 이 시에서는 "우렁산의 우렁우렁한 음향", "부엉이가 울고 아랫목 꽃 繡가 오롯한 밤", "청솔가지 그림자가 사랑채 창호지 문을 때리면", "할아버지는 마치 대추나무 같은/정정한 기침을 하시며" 등의 시 구절에서 공감각적 표현미를 획득하여 '봄밤'의 애잔하지만 다감한 정서를 드러내는데 성공하고 있다. 그만큼 그의 시에서 자연은 가족들의 삶과 밀착되어 자연사와 인간사가 동심원적 구조를 이루고 있다.

시 (2)에서는 가족사 속에 내재하는 가난이 표출되어 있다. 이 점에서 이덕영의 시는 서정성 속에 역사성과 현실성을 수용하려는 노력을 아우르고 있는 것이다. "감꽃 떨어져 배고픈 날은/눈물겨운 노란 감꽃이 더 많이 떨어져/내 작은 키를 툭툭 건드렸지"에서 회상의 형식을 통해 시인은 유년기의 가난과, 그 곳에 배경이 되어 서있던 '감나무'를 보여준다. 따라서 이 시에서 '감나무'는 하나의 사물이 아니라, 한 가족 구성원의 역할까지를 해내고 있다. 이 시의 '감나무'는 어린 화자와 친구가 되기도 하고, 어른이 되어 화자의 등을 토닥여 주는 인격적 존재로 비쳐지기도 한다. 한편 어머니가 "무거운 빨래를 희게 씻어내고"계신 것은, 한 가정을 뒷받침해 가는 강한 생활력의 표출인 터이다. 이 시에서 '감나무'와 '어머니'는 동일한 역할 을 해내고 있다. 즉, '어머니'는 가족 속에서 '감나무'는 자연 속에서 화자를 포근히 감싸주었던 것이다.

한편 이덕영의 시는 담화 지향성을 보여주고 있다. 일반적으로 서정시는 개인의 체험을 토대로 한 내적 고백의 장르라고 인식되어 왔다. 따라서 서사시나 극 양식과는 다른 특성을 지닌다. 그러나 적어도 이 세 가지 양식이 담화(discourse)의 일종이라는 점에서 공통성을 지닌다. 극 양식이나 서사 양식은 물론이고, 서정 양식도 담화의 한 형태임이 분명하다. 왜냐하면 시도 화자와 청자 사이에 언어로 축조되는 의사소통의 일종이기 때문이다. 뿐만 아니라, 이덕영의 시는 유년기의 체험 속에서 내재하는 '이야기' 요소를 시 속에 수용한다. 그것은 현대 사회의 삭막함과 가치 상실에서 벗어나 자연의 생명력 속으로 스미고자 하는 자세인 터이다.

(1)
저녁 때 저녁 길을 울려 퍼지는
설핏한 밤 꽃 비린내가
밥상 머리 묻어오는데
오줌 발도 시원한 냉수 한 그릇
그 이빠진 투가리에

달빛을 한 줌 풀어 담고서
부엉이 소리 또 한 줌 풀어 담고서
젊은 보리밭 속에 와 마시는
울음을 너는 정말 모른다.

-「촌놈」에서

(2)
맑은 날 온 하루 잔치를 너는 아느냐.
산 아래 마을의
산빛 묻은 살구 꽃 그늘
강 기슭 지붕 너머 강물 스민
복사꽃 십리.
허무는 陰曆의 보름 살 속에
지는 꽃잎 얼굴로 가는 먼 길을.
그 사이 아무렇게나 뿌린 이슬도
아무렇게나 거두는 발자국이
아닌 것임을
지금쯤 빈 마당에 징소리 같은 햇살만 남아
또 어느 설핏한 하늘 자락
기다림을 너는 아느냐.

-「露宿」 전문

(3)
엊그제도 사운대는 물소리를
담아 왔어요.
엷은 꽃가지에 달이 기울어

밤 뻐꾸기 울음만 담아 왔어요.
만나서 떨어지는 하얀 그림자.
가슴에 물드는 하얀 그림자.

-「배꽃」 전문

위 시 (1)에서 화자는 청자 '너'를 설정하고 상대를 지향하는 담화로 나타난다. 화자는 스스로를 '촌놈'이라 하면서 '촌놈'이 누릴 수 있는 자유와 생명 지향적 삶을 보여준다. '촌놈'이라는 표현 속에서는 상대적으로 '도시인'이라는 의미를 환기시켜 낸다. 이 시에서 "설핏한 밤 꽃 비린내", "냉수 한 그릇", "달 빛 한 줌", "부엉이 소리 한 줌", "젊은 보리밭" 등은 자연의 가장 완벽한 원형이다. 그곳에는 노동이 있고 땀과 꿈이 있어 강한 생명력과 자연의 숨결이 넘친다. 이 시의 화자는 그러한 삶의 공간이 사라져 가는 도시적 삶에 대해서 안타까움을 느끼며 그것을 잃지 않고자 한다. 그러나 그것이 한 개인의 노력으로 성취될 수 있는 것은 아니다. 결국 이러한 사실 앞에 시인 이덕영의 고통은 뿌리를 두고 있었다.

시 (2)에서는 살구꽃 핀 마을의 봄 정경을 '잔치'로 비유한다. "산빛 묻은 살구꽃 그늘/강기슭 지붕 너머 강물 스민/복사꽃 십리"에서 참으로 화려하고 여유있는 봄의 정취를 그려준다. 그러한 마을에서 살아가는 시인은 그 즐거움을 모르는 '너'에게 그것을 아느냐고 묻는다. 물론 이 물음은 설의법으로써 강조의 의미를 지니거니와, 그 '봄'의 여홍에 만취된 시인의 의식 내부를 엿볼 수 있다. 이 시에서 시인은 "아무렇게나 뿌린 이슬도/아무렇게나 거두는 발자국이/아닌 것"이라 하였다. 즉, 자연의 조화란 크고 작은 것들 모두가 서로서로 관계를 맺고 있다는 것이다. 바로 그러한 관점에서 자연은 인간 삶의 바람직한

한 모델이 될 수 있는 것이다.

시 (3)은 짧고 간결하지만 빼어난 시편이다. 이 시에서 '배꽃'의 하얀 이미지는 '물소리, 달빛, 뻐꾸기 울음, 하얀 그림자'를 연상시켜내고 있다. '배꽃'이 날리는 전경 속에 '봄밤'의 무르익은 분위기는 절정에 달하고 있다. 한 폭의 선명한 동양화의 분위기 속, 흰색과 밤의 흑색의 대조가 은은한 분위기를 전달해 준다. 이 시에서 낙화의 소멸적 분위기는 마지막 연에서 "가슴을 물드는 하얀 그림자"로 제시된다. 이로써 '봄밤'이 지니고 있는 새로운 생성단계로의 성숙을 암시해 준다. '봄밤'에 떨어지는 '배꽃' 이미지는 자연의 성장에서 또 다른 단계로 나아가기 위한 비움과 채움의 역설적 의미인 것이다.

이상에서 살펴보았듯이 이덕영의 시세계는 순수한 자연의 세계와 생명을 지향하고 있다. 그것은 자연 지향적 자세로서 그곳에 살아 숨쉬는 생명과 꿈의 의미를 다시 확인하려는 노력이다. 그러나 현대적 삶이란 그것에 역행하는 속성을 지닌다. 여기에서 이덕영은 순수한 자연과 생명 상실의 고통을 느끼며 그것을 가속화하는 문명을 비판하게 된다.

3. 상실의 고통과 문명 비판

인간의 욕망은 자연과 대치되는 차원으로 전개된다. 인류의 시초는 자연과 더불어 출발하였으되, 인간들은 자연을 지배하고 자연을 개조하여 그들에게 유리한 방향으로 이끌어 가면서 수많은 문제를 노출시켰다. 급기야 자연과 인간은 하나가 될 수 없는 상태에 이르고 말았다. 오늘날 생태계 파괴라는 문제는 우리 삶을 직접적으로 위협하고 있다. 산업사회를 지향하면서 인간의 가치는 주로 양과 속도의 개념으로 파악하는 결과를 낳았다. 그것은 인류가 고향을 상실해버린 결과이며, 인간의 근원적인 것에 대한 상실을 의미하기도 한다. 이덕영은 그러한 결과를 바라보는 입장에서 매우 비판적이다.

(1)
도랑물이 흐르며 투덜댄다.
논두렁도 작대기도 허수아비도
음험한 놈들이라고 不平한다.
한 숨 묻은 비료가 부어지고
뼈 빠진 農藥이 뿌려지고
헐벗은 등짐 한나절의 客土
폭양과 장마를 제마다 잘 견뎌 온
도랑물이 이제 함께 모여서
大豊의 들을 떠나며 말한다.
-「도랑물 울음」에서

(2)
사랑 부엌에 끓던 쇠죽은 식었고
외양간은 비었습니다.
어둠이 들이치는 사립문 위에
아직도 마르지 않은
어머니의 수건이 펄럭입니다.
보리밭의 은밀한 추위 속에
깜부기가 푸르고
꼭꼭 숨어도 머리칼이 보이는
언덕에서
살아 있는 억새풀보다

마른 억새풀이 더 억센 것을 알았습니다.

-「억새풀을 위하여」에서

(3)

해마다 人口가 불어나는 都會의
자취없는 바람을 찾아
풀이 죽어 익숙해진
이 밀착된 街路에 서서
보이지 않는 아지랭이 잃어버린 野菜밭을
누가 기다리는가.
해마다 人口가 줄어드는 青陽
그래서 날마다 넓어가는 그 곳

-「青陽에 가면」에서

위 시 (1)에서 '도랑물'을 통해서 자연의 손상과 파괴를 고발하고 있다. 인간이 자연을 지배하면서 순간적으로는 많은 효율성을 추구할 수 있다. 그러나 그것이 궁극적으로 자연의 흐름을 무시하고 자연의 생명을 죽여 버리는 결과를 낳았다. 오늘날 들판은 잘 정돈된 식량의 공급처에 불과하다. 그것은 자연이라기보다는 인간의 의지에 따라서 개조된 공간이라 하겠다. "한 숨 묻은 비료", "뼈 빠진 農藥"등은 인간이 축적을 위해서 자연에 부과한 반생명적 행위의 결과물이다. 그래서 그들은 "헐벗은 등짐 한나절의 客土"로써 논과 밭을 다시 자연의 상태로 치유하려 하지만, 그것은 이미 불가능한 단계에 도달하고 말았다. 그러므로 "도랑물이 이제 함께 모여서/大豊의 들을 떠나며 말한다." "미꾸라지도 메뚜기도 참새도 없는데/논두렁은 왜 버티고 허수아비는/왜 우쭐대는지 모른다고." 이 시는 인간이 효율성 추구를 위해서 만들어낸 문명이 결국 인간을 반생명적 단계로 몰아가고 있음을 비판하는 것이다.

시 (2)에서는 농촌의 퇴락을 형상화하고 있다. 이제 농촌은 텅텅 비어가고 있다. 삶의 가치척도가 모두 영리추구의 극대화를 지향하고, 육체노동의 기피 현상으로 나타남으로써 우리 사회는 도시화 일로에 놓여 있다. 그리하여 이미 밭과 논을 갈던 '쟁깃날'은 "엉키어 쓰러"져 있고, "사랑 부엌에 끓던 쇠죽은 식었고/외양간은 비었다." 도시로 몰려간 사람들, 그래서 농촌의 힘찬 노동과 풍요로운 결실은 사라지게 되었다. 노동하시던 어머니도 떠나고 "어머니의 수건이 펄럭"이고 있을 뿐이다. 이제 고향은 "마른 억새풀"로 뒤덮여 있는 것이다. 그만큼 인간은 정신적 고향이 파괴되어 버린 것이다.

시 (3)은 "해마다 人口가 불어나는 都會"와 "해마다 人口가 줄어드는 靑陽"을 대립시켜서 현대 사회의 문명을 비판하고 있다. 결국 사람들이 도회지로 삶의 공간을 이동시키면서 '청양'은 서서히 비어간 것이다. 이 시의 후반부에는 "산 등성에 가면/都市를 버린 그것들이/마음 놓고 우리를 無視하고 있음을/볼 수 있다."고 하였다. 사람들이 농촌의 삶을 던져 버리고 편리한 생활을 찾아 고향을 떠나 도시로 몰려가면서 자연도 생기를 잃었다. 그것은 비단 농촌만의 문제가 아니다. 오늘날 농촌의 붕괴라는 것은 우리 사회 전체적 맥락에서 이해되어야 하기 때문이다.

이덕영의 의식세계는 궁극적으로 전원 지향적이었다. 그것은 단지 자연의 아름다움이나 조화를 추구하는 것이 아니라, 인간들이 지니고 살아가야 할 가치에 대한 믿음으로 인식된다. 그러나 이덕영 시인 또한 고향을 떠나서 도시 생활을 하였다. 따라서 자기 삶의 기반을 도

시에 두고 있으면서 나날이 도시의 비생명적이고 반자연적인 삶을 사는 입장의 고통은 컸을 것이다.

(1)
전등 불빛 아래서의 모든 말들은
거짓이다.
아무리 피 같은 진실도 거짓으로 놓이고
거짓으로 흐를 뿐이다.
늠름히 참으며 쓰러지는 물결
눈물 투성이의 별빛을 건져 내는 개구리 떼.
등잔불 아래서의 모든 말들은
진실이다.

-「밀밭」에서

(2)
온 겨우내 빈 하늘을 떠돌아 다니는
종소리가 이 저녁
우리 방문 앞에 와서 쓰러진다.
친구야.
맨발로 가자.
버리고 내던진 노래들의 아픔을
짓밟고 잃어버리며 잃어버리며 맨발로 가자.

-「맨발」에서

(3)
목척다리 위에서 갈기던 오줌.

상업은행 문앞에다 토해내는 콩나물가닥.
나으리 머리 위에 쏟아붓던 구정물
불 타던 맹꽁이 차 클랙션 소리
이것들이 지금
빛나는 바다, 튼튼한 대륙속에
진한 거름이 되었구나.
뒷간에 쭈그리고 앉아서
연탄값, 수도세를 걱정하는
나는 그래도 잘난 놈이다.

-「어떤 헌사」에서

(4)
빗속에서 듣는 트럼펫 소리
중동 십번지엔 싸구려로 슬픈 꽃들이 팔리며
역앞엔 사투리처럼 많은 사람들이
눈발처럼 나부끼고 있었다.
나는 오늘 그 엷은 안개를 헤집으며 낮은 포복으로
이 도시의 허공을 헤매이고 있다.

-「목척다리」에서

위시 (1)은 도시와 농촌의 삶을 "전등 불빛 아래서의 모든 말들은/거짓"이고, "등잔 불 아래서의 모든 말들은/진실"이라는 대립적 상황으로 제시하고 있다. 어찌보면 소박한 수준의 농촌 지향적 자세처럼 보이기도 한다. 그러나 그 소박성 안에는 현대인들이 잊고 살아가는 문제를 직접적으로 드러내려는 의도가 엿보인다. 오늘날 우리가 돌아가 안길 곳은 어디인가. 삶에 지친 어깨를 끌고 가서 잠시라도 포근히 기대일 곳은 어디에 있는가. 이미 확고부동하게 짜여진 삶의 틀 속에서 우리의 의지와는 무관하게 어찌 할 수 없이 살아가면서, 자연과 고향의 상실을 안타깝게 바라보는 자아의 모습이 역력하다.

시 (2)에서는 친구에게 그 곳으로 '맨발'로 돌아가자고 간청하고 있다. 그렇다면 그 곳은 어디인가. 그들이 돌아가고자 하는 곳은 자연의 생명력이 펼쳐지는 곳이며, 인간들이 보다 흙과 가까이 하여 노동의 기쁨으로 살아가는 곳이다. 화자는 그 곳에서 노동하는 삶을 지향하기 때문에 맨발로 돌아가자고 한 것이다. 이제 그는 적극적으로 그 곳으로 돌아가려는 의식을 드러낸다. 그러나 그것은 자신의 몸이 그 곳으로 돌아간다고 해서 해결될 수 있는 것이 아니다. 그만큼 우리 사회의 모든 문제는 다층적으로 얽혀있는 것이며, 현대인의 비극은 여기에서 비롯된다고 하겠다.

시 (3)에 이르면 이덕영 시인이 현재 거주하고 있는 공간은 도시로 나타난다. 그도 다른 사람들처럼 고향을 떠나와 도시에 살면서 겪는 고통을 토로하였다. 이 시에는 사회 현실의 고통까지 가세되고 있다. 그는 그 고통 때문에 술을 마시고 괴로워한다. 그는 어느 사이엔가 "뒷간에 쭈구리고 앉아서/연탄값, 수도세를 걱정하는"신세가 되었다. 결국 자기 삶의 주관이나 의지도 꺾여버린 현실 속에 이끌려가고 있는 소시민으로서 삶의 애환을 드러낸다. 그러한 현실을 조소라도 하는 듯이 그는 외친다. "나는 그래도 잘난 놈이다."라고 고통의 몸짓을 드러낸다. 그렇지만 그가 목소리를 높이면 높일수록 그의 의식 내면에 깊게 스며있는 삶의 비애가 드러나게 된다.

시 (4)는 도시 공간에 살면서 잃어버린 고향, 자연의 의미를 상실한 화자의 고통을 드러낸다. 이미 자연을 잃어버린 사람들이 살아가는 도시에서는 "중동 십번지엔 싸구려로 슬픈 꽃들이 팔리며/역앞엔 사투리처럼 많은 사람들이/눈발처럼 나부끼며"떠돌고 있다. 그들은 이미 고향이나 자연을 상실한 사람들이며, 그리하여 머물 곳을 잃어버리고 방황하는 자들이다. 화자도 그들과 다를 바 없어 "나는 오늘 그 엷은 안개를 헤집으며 낮은 포복으로/이 도시의 허공을 헤매이고 있다."고 토로하는 것이다. 이제 인간들은 여성을 하나의 성적 대상으로 하여 경제적 수단으로 삼기도 한다. 꿈과 자연을 상실한 인간들은 그 고통을 잊고자 향락 속으로 몸을 들이밀지만, 그것은 근본적 치유책이 될 수 없다. 이렇게 볼 때 이덕영의 초기 시에 나타나던 '어머니'와 이 시의 '여성'사이에는 아주 극단적인 차이를 나타낸다. 그만큼 인간들의 삶의 기반이 기형화되어 있는 것이다. 그것은 바로 생명과 자연의 상실에서 기인하는 것이다.

4. 현실로의 접근

앞에서도 살핀 바 있듯이, 이덕영의 시는 그의 사회활동 무대가 도시로 옮겨지면서, 또한 현대 사회의 도시화 단계에서 유래된 결과에 따라서 자연 상실과 생명 파괴를 비판하기에 이른다. 거기에서 그의 의식세계는 인간 삶의 문제로 확장되고 사회 현실에 대한 비판으로 접근되어 갔다. 이러한 의식세계는 아이러니를 통해서 형상화됨으로써 사회에 대한 냉소적인 태도까지 엿보인다. 이 시들은 대개 그의 생애 후기의 시로써 죽음 직전의 시들이라고 할 수 있다. 이러한 시들을 통해서 시인의 의식세계를 살펴보면, 그의 병이 악화되면시 사회현실을 바라보는 자세가 소극적이고 부정적이었음을 이해할 수 있다. 어쩌면 그는 자신의 죽음을 미리 예측하고 있었는지도 모를 일이다.

(1)

충권아,
밤마다 술취해 웃는 이유를
네 엄마는 부활하려고, 더 왜소해지려고
하는 노릇이라고 말한다.
바람불고 눈발 휘몰아치는 속을
씩씩하게 걸어온 우리들의 외로움과 기쁨의 무게
눈이 쓰린 날은 시야가 더
아름다워 보였다.
엄마가 아픈 저녁
우리들의 밥상은 쓸쓸하였고
너는 마루치 아라치가 되어 내 가슴을 쳤지.

- 「밤마다 술취해 웃는 이유를」에서

(2)

큰 눈에 콩밭두렁의 이슬이 떨어진다.
팔리지 않은 소들이
팔린 소들을 바라본다.
빈 발목이 쓸쓸해지기 시작하고
고삐에 부딪는 햇살 한줌을
나누어 새김질하며
팔린 소들과
팔리지 않은 소들이
저무는 가을 속으로 저마다 돌아가고 있다.

- 「우시장에서」에서

위 시(1)은 자신의 아들 '충권'에게 전하는 편지의 형식을 취하고 있다. 이 시에는 삶의 고통이 너무 크기 때문에 밤마다 술에 취하는 화자가 등장한다. 그리고 밤마다 술에 취하는 사실을 '부활하려고, 더 왜소해지려고/하는 노릇이라고 말한' 아내가 있다. 이러한 상황에서 아들 '충권'이는 자세한 사정을 모르는 채 "마루치 아라치가 되어" 화자의 가슴을 친다. 이러한 화자와 충권의 행동 사이에서 아이러니가 발생하고 있다. 이로써 삶의 시련으로부터 오는 고통이 크기에 갈등하는 시인의 모습을 엿보게 된다. 그러나 이러한 사실은 다소 애매한 부분으로 남고 있다. 이덕영 시인의 시세계 전반으로 미루어 볼 때, 왜 그가 밤마다 술을 마시며 흔들리는가 하는 사실을 눈치챌 수는 있으나, 그 구체적인 이유까지를 읽어낼 수 없기 때문이다. 다시 말하면, 사회적 맥락이 드러나지 않는 차원에서 화자의 갈등 구조라는 것은 그 보편성을 획득하지 못하고 자칫 감상적 자세로 읽힐 수도 있기 때문이다.

시 (2)에서는 '우시장'의 '소'를 소재로 하여 현대인의 삶의 비애를 보여 주고 있다. 여기서 '소'는 순수성을 지닌 자연이나 생명의 대리적 표상물이다. 그러므로 '소'가 팔리는 현장인 '우시장'은 가치를 상실해가는 현대인의 삶의 집약적 공간인 셈이다. 따라서 그러한 상황에서는 "팔리지 않은 소"나 "팔린 소"모두가 그 불행을 받아들일 수밖에 없다. 결국 '소'를 팔고 사 는 현대인의 삶, 그것은 곧 생명을 상실한 삶의 하나인 터이다.

시인의 이러한 비판적 시야는 확장되어 상당히 예리한 면에까지 다다르고 있다. 그리하여 현대인의 모순된 삶이나 가치가 전도된 모습을 매우 적절하게 포착해내고 있다. 그것은 다음의 시에서 잘 드러난다.

원남동 동물원에 가서 보았다.
팔벼개를 하고 있는 침팬지의 태평스러움이 나를
압도하였다.
뒷모습을 보이며 비스듬히 누워서
구경하는 사람들을 가끔씩 돌아다보는
그의 여유는 넉넉하였다.

마치 마누라 호통쳐 밖으로 내보낸 후
넓은 방 혼자 차지한 채
얼큰히 취해 휴식하는 사내처럼
등어리와 궁둥이도 의젓하였다.
머리를 괴고 있는 저 팔의 평화로움.

이윽고 모습을 돌려 한참동안
이쪽을 향했을 때
사실은 우리들이 우리에 갇힌 동물이었고
그는 당당한 구경꾼이었다.

- 「동물원」에서

위 시는 현대인의 삶의 모순을 아이러니를 통해서 흥미롭게 제시하였다. 뿐만 아니라, 희화된 현대인의 삶 속에서 인간에 대한 연민의 정을 불러일으키게 하고 있다. 인간들은 획일화되어 가는 삶의 바쁜 틈바구니에서도 자연(동물원)과 접하고자 한다. 그리하여 현대인은 일정한 공간에 집약적으로 자연의 모습을 조성하고 동물들을 가두어 놓고 거기에서 잃어버린 자연의 향수를 되새긴다. 그러나 이 모든 인간들이 빚어낸 문명의 결과로써 역설적으로는 인간들이 '우리'에 갇힌 동물들의 구경거리가 되고 만다. 오히려 동물원에 갇힌 침팬지가 자유롭고 인간들이 구속되어 있다는 것이다. 현대인들이 처한 상황을 예리하게 지적하였다. 이제 우리에게는 대상에 대한 상대적 인식이 필요함을 제시해 준 것이다.

오늘날 인간들은 자신의 내면으로 시야를 열고 심각하게 존재론적 성찰을 해야 할 단계에 도달하였다. 그동안 숨가쁘게 성장과 축적을 위해 치달려온 삶을 되돌아보고 진정으로 우리가 추구해 나아가야 할 가치가 무엇인가를 곰곰히 생각할 단계인 것이다. 여기에서 이덕영의 시는 또 다른 단계로 나아간다.

이덕영의 시세계가 후기에 이르면 인생론적인 안목과 비판의식을 통해서 종교적 세계에 도달하게 된다. 그것은 생명과 자연을 관장하고 있는 어떤 절대자에 대한 깨달음과 그 존재에 대한 믿음을 전제로 하고 있다. 그리고 이러한 시들은 그의 첫 시집이 주로 봄이나 여름의 시편들이었던 것과는 달리, 가을과 겨울의 시편들로 채워져 있다. 이 점도 그의 인생론적 깨달음의 반영이라고 할 수 있다. 왜냐하면 인간은 그들의 한계를 자각함으로써 새로운 가치를 추구하게 되는데, 그것은 가을이나 겨울이 드리우는 암회색 이미지와 연관되기 때문이다. 그만큼 그의 시는 후기에 이르러서 자연과 생명의 소멸과 상실의 정조를 기본으로 하고 있음을 살필 수 있다. 이때 그 상실감의 치유를 정신적이거나 종교적 세계의 가치추구를 통해서 꾀하는 것은 인간의 보편적 태도라고 할 수 있는 것이다.

(1)
나즉한 음성도 다 들을 수 있습니다.
풀잎의 이슬,
나무 가지 끝의 바람,

우리들 머릿칼의 나붓낌까지
무슨 마음탓인지 다 알 수 있습니다.
볏단 묶는 어머니의 굵은 손마디가
가장 아름다운 것임을
때늦게 알았을 때처럼
막혔던 가슴들이 열립니다.
햇빛 내리는 산 봉우리마다
우리들의 기도가 물들어 갑니다.
- 「가을」에서

(2)
흰눈은 처음 우리들의 은총이었죠
어머니의 막막한 기도가
분홍으로 흐르는 아이의 뺨
촛불을 마련하고
젖빛 엽서를 썼죠
마치 피어오르는 마음같이
눈이 내려서
가난한 지붕들을 덮는 시간이었죠
저 높은 곳을 향하여 날마다 날아갔죠
- 「촛불을 마련하고」에서

(3)
호롱불 밑에서 읽는 고린도전서 십삼장
빈터에 쌓이는 찬란한 눈
나의 안에 퍼붓는 불티

서른 여섯에서 서른 여덟 사이에 앓는 병
소스라쳐 바라본 허공
타작 끝난 마을의 먼 징소리 같이
바람 헤매는 빈 마당같이
빈 마당같이.

-「얼굴을 팔에 묻고」 전문

위 시(1)에서는 '가을'이라는 계절이 드리우는 소멸의 정서를 배경으로 하여 자신의 내면을 바라보고 있다. 이 시는 자연의 소멸이 주는 외면적 서늘함이 시인으로 하여금 자아의 심층으로 시선을 열게 함으로써 절대자에 대한 '기도'형식으로 나타난다. 그러한 면에서 가을의 우수와 명상적 분위기는, 인간적 한계를 자각하고 신적인 대상으로 관심을 전개시켜 가게 한 것이다.

시 (2)도 '기도'를 통해서 형상화되고 있다. 이 시의 배경이 되는 '겨울'과 '눈'이 내리는 상황은 화자로 하여금 이곳(현재의 삶)에 이르게 하는 과정에서 겪은 좌절과 고통, 시련을 벗어나 "끝없는 길이 끝나는 길과 만나는" "소망의 나라"를 꿈꾸게 한다. 겨울의 삭막함을 축복으로 덮어주는 '흰 눈'을 통해서 신의 음성을 듣고 신적 존재의 손길을 예감하는 것은 지극히 자연스러운 귀결이기도 하다.

시 (3)은 구체적으로 종교적 의미탐구 행위가 나타난다. 화자는 "호롱불 밑에서 읽는 고린도전서 십삼장"을 통해서 기독교적 세계에 대한 관심을 표출하고 있기 때문이다. 아마 그는 간경화증으로 고통을 당하면서, 죽음의 공포와 죽음에 대한 의미해석의 연장선상에서 종교를 받아들였을 것이다. 그는 성서를 읽으면서 "빈터에 쌓이는 찬란한 눈"을 인식하고 "나의 안에 퍼붓는 불티"를 깨닫는다. 이시에서 '빈터'와 '나의 안', '찬란한 눈'과 '불티'는 유비적으로 읽을 수 있다. 전자는 생의 고통을 체험하고 난 후 화자의 심정을 의미하고, 후자는 그 마음에 다가서는 종교적 깨달음을 암시한다. 그러나 그의 종교적 지향의 시세계도 빨리 다가온 죽음 앞에서 단절되어 버리고 말았다.

이덕영의 시세계는 자연과 생명에 바탕을 둔 봄의 시학이라 할 수 있다. 그의 시세계는 순수한 자연을 추구하는 동시에 자연을 파괴하고 생명을 상실하게 하는 문명에 대한 비판을 동반하고 나타난다. 이러한 자세가 확장되면서 그의 시는 현실비판적인 것까지를 아우르게 된다. 그러므로 그의 시는 초기의 향토적이며 전원적인 세계, 봄과 여름의 세계가 차츰 도시적이고 현실적이며, 인생론적이고 종교적인 측면으로 기울어 가게 되었다. 그의 후기시들이 주로 가을이나 겨울의 시편으로 나타나는 것이 그 까닭이다. 그리고 그의 이른 죽음은 그의 시세계의 단절을 가져 오고 말았다.

5. 맺음말

이덕영의 시세계는 자연과 생명의 탐구로부터 출발한다. 그의 고향이자 인간의 보편적 정신 토대가 되는 자연에 대한 체험을 토대로 하여 그의 시는 출발하였던 것이다. 그리고 그것은 현대 사회의 문명이 야기하는 모순과 갈등을 포괄하며 비판적 차원까지 나아가게 된다. 물론 이러한 이덕영의 자연에 대한 탐구는 다소 부정적인 관점으로 나타나기도 한다. 다시 말하면 농촌과 도시, 자연과 생명, 봄과 가을 등의 이항대립을 통해서 한 쪽을 긍정적으로 파악하고, 다른 한 쪽을 부정해버리는 이분법적 사고의 모순을 드러낼 수 있기 때문이다. 그러나 그것은 기우에 불과하다고 본다. 왜냐하면 이덕영은 자연을 바라보는 관찰자의 입장에 머물지 않고, 그 안에 스며있는 진실을 파악함으로써 충분히 그것을 우리 삶의 바람직한 가치로 제시하기 때문이다. 그는 자연주의자로써 자연을 관찰한 것이 아니라, 인간과 자연이라는 관련성 안에서 자연을 수용하였다. 다시 말하면 그의 시에서 자연은 인간 삶의 가치지향의 대상물이었던 것이다. 그러한 점은 다음의 시에서도 잘 드러나고 있다.

> 철교 위로 急行列車가 지나가고 있었습니다.
> 그 아래 서두르지 않는 江물의 餘裕를 보았습니다.
> 투명한 햇살 속에서
> 우리들은 갈 길이 멀었습니다.
> 한결같은 速度로 물결은 흐르고
> 철교 위로 緩行列車가 지나고
> 超特急列車도 달려 가지만
> 물살은 빠르거나 느리지 않았습니다.
> 그러나 到達의 곳에 언제나
> 먼저 와 있는 햇살과 강물,
> 우리들은 서두르고 떠들고 바쁘지만
> 다리 아래 강물은 꿈적도 없이 조용히 흐르고 있었습니다.
>
> -「速度」 전문

위 시에는 표면적으로 '급행열차'와 '강물'이 대립되어 있다. '급행열차'는 인간이 만든 문명으로써 속도를 추구하는 인간 욕망의 산물이다. 반면에 '강물'은 순수한 자연과 조화로운 생명의 대표적 표상물로써 문명에 대립된다. '급행열차'는 제 속도의 가속화를 통해서 인간에게 주어진 물리적 시간을 뛰어넘고자 한다. 물론 그리하여 인간은 많은 시간의 단축과 효용적 가치를 얻었을 터이다. 그러나 그 결과 오늘날 우리에게 남은 것은 무엇인가. 인간의 욕망에 의해 속도와 양의 극대치를 추구해온 인간의 문명이란 오히려 인간을 얽어매고 인간을 구속한 결과를 낳았다. 그러나 '강물'은 "서두르지 않"는다. '강물'은 여유를 보이며 "한결같은 속도로" 흐를 뿐이다. "물살은 빠르거나 느리지 않"다. "그러나 到達의 곳에 언제나/먼저 와 있는 햇살과 강물", "우리들은 서두르고 떠들고 바쁘지만/다리 아래 강물은 꿈쩍도 없이/조용히 흐르고 있"다. 이 시에서 "到達의 곳"이란 인간이 궁극적으로 추구해야 할 삶의 가치, 도달점인 것이다.

그렇다. '강물'이 깨우쳐 주는 바의 의미는 우리에게 매우 큰 의미로 다가 온다. 그것은 오늘날 주체할 수 없는 삶의 부게를 짊어지고 살아가는 우리에게 다시금 삶의 본질을 자각하게 해주고 있기 때문이다. 이와 같이 이덕영의 시에 등장하는 자연물이나 다양한 이미지는 그것들이 지니고 있는 생명과 조화의 의미를 통해서 오늘을 살아가는 우리에게 소중한 가치들을 환기시켜 준다. 뿐만 아니라, 그 가치를 통해서 현대 사회의 모순을 지양하려는 의식을 갖도록 촉구하기도 한다.

| 참고자료 |

姜信本, 尹 忠, 李德英, 『太陽을 안고』, 대전 : 三友出版社, 1961.

李德英, 『한 줄기의 煙氣』, 대전 : 兄弟出版社, 1976.

- 『푸른 것이 더 푸른 날』, 대전: 문경출판사, 1993.

元亨甲, 「李德英의 自然과 脫意味」(시집 『한 줄기의 煙氣』의 해설)

朴明用, 「목이 쉰 진달래 울음」(시집 『푸른 것이 더 푸른 날』의 해설)

'4.19 혁명과 청소년들의 정서'

-『焚香』의 이덕영 시 「落花의 가슴에」를 중심으로

리 헌 석(시인, 문학평론가)

1.『분향(焚香)』의 서지적 연구

1.1 앞표지

앞표지 상단에 '追悼詩帖(추도시첩)'이라 표기된 것으로 보아, 별세한 분들에 대한 추모의 성격임을 알게 한다. 그 아래 제목 '분향(焚香)'이 서예작품으로 자리하고 있는데, 문학평론가 정병우(丁炳禹) 선생의 제자(題字)임을 목차에서 밝히고 있다. 정병우 문학평론가는 정훈 선생의 장자인데, 정훈 선생은 대전을 비롯한 충청권 문학의 선구자로 널리 알려진 분이다.

하단에 '머들령문학동인'이라는 단체의 명칭이 나온다. 대전 시내 고등학생들이 연합하여 결성한 단체 이름인데, 이 단체의 고문이 정훈 시인이었다.

1.2 속표지

시집의 제목을 그대로 옮겨 놓은 속표지가 아니라, 책의 성향을 확인하게 하는 속표지로 편집되어 있다. '4.19에 순국(殉國)하신 넋들을 위하여 이 가난한 시집(詩集)을 엮어 봅니다'라는 서술에서

<1960년 4월에 학생들을 중심으로 일어난 반정부 민주주의 혁명, 즉 4.19 학생의거>에서 산화한 젊은이들을 추도하기 위해 '뷔엔나' 다방에서 추도시제(追悼詩祭)를 지낸 다음, 그 작품을 중심으로 발간한 고등학교 학생 연합 단체의 시집을 입증하는 단서로 기능한다.

1.3 목차(目次)

시 제목과 지은이 이름만 적시하였을 뿐 페이지는 매기지 않았다. 목차에서는 제목과 이름에 한자가 쓰였는데, 작품이 아니어서 한글로 표기해도 무방하리라 본다.

장미는 피고 - 이귀자

성화 - 이문영

별처럼 진 꽃잎들 - 임선묵

후조의 마음 - 최경자

애가 - 박준수

편집후기

동인명단

작품의 수록 순서는 특별한 성향을 찾지 못하였다. 고등학교 교명 순서도 아니고, 참가자의 학년순도 아니며, 성명 가나다 순도 아니다. 서지적 연구는 사실 그대로를 정리하는 것이 타당하지만, 약간의 추론을 거치면 이해할 수 있을 듯하다. ① 제자를 쓴 정병우 선생, ② 고문 정훈 시인의 시, ③ 추도시제(追悼詩祭)에 참석한 곽문자에서 심재봉까지 8명, ④ 구중서(삽입된 이유 불분명). ⑤ 추도시제(追悼詩祭)에 참석한 윤충에서 최경자까지 10명, ⑥ 박준수(삽입된 이유 불분명) 등으로 정리하면서 이는 추론에 의한 것임을 밝힌다.

1.4 머들령 문학동인의 모습

4292년 12월 6일, 40여 명의 동인결성식을 시내 문화원에서 갖고 一人一技(일인일기)의 수확을 위하여 노력할 것과 문학을 통하여 인격 완성과 정신앙양에 힘써 건실한 하나의 인간이 되고저 丁薰(정훈) 선생님을 고문으로 모시고 『머들령』문학동인회를 조직하였습니다.

아직은 학생문학동인의 활발한 활동이 없던 이곳에 40여 명의 글 쓰려는 학생들이 뜻을 같이 하려고 모인 것입니다.

이에 저희들은 昨(작) 12월 26일 今(금) 3월 20일 중도(중도일보) 대전일보에 단체 紙上投稿(지상투고)와 2월 27일에는 시내 '시온'에

식장에서 '3.1문학의 밤'을 개최하여 동인상호간의 문학열 앙양과 아울러 각계의 환영을 받았습니다.

시내 '뷔엔나' 다방에서 追悼詩祭(추도시제)로 가신 님의 冥福(명복)을 빌었습니다.

2. 이덕영 시「落花의 가슴에」 읽기

이덕영 시인의「落花의 가슴에」는 1~6 번호로 구분되어 있다. 그러나 '3'번의 구분이 없는 것은 인쇄 과정에서 탈루된 것으로 보인다. 이 시의 시두는 4.19 당일을 그려내었고, 시간적 순서를 따라 전개한 다음, 위대한 뜻을 이어받아야 한다는 결연한 자세로 맺는다. 이를 번호순으로 확인하고자 한다.

'1'은 2연 6행이며, 작품의 서두에 해당한다.

> 핏물이 스며 붉게 물들인
> 그날의 거리에서 고개 쳐박은 해바라기는 다시금 太陽의 위치를 찾았고 질식한 歷史는
> 잠을 깼는데 우리들 가슴 안으로 지금도 波文져 오는 피바람의 餘韻….
>
> 거리, 거리, 가슴 가슴마다에 불 붙는 분노와 정의는
> 시커먼 어둠에 피를 뿌려, 피를 뿌려,
> 밝아오는 새벽을 절규하였다.

시에 실린 사실적 연과 행 구분을 따랐는데, 1연의 2행과 3행을 하

나의 긴 연으로 보는 것도 문맥상 유의미해 보이지만, 텍스트를 그대로 인용하였다. 파문(波文)은 파문(波紋)의 인쇄 오식(誤植)으로 보인다.

시의 출발점이 되는 '그날'은 당연히 1960년 4월 19일이다. 물론 청년 학생들이 그 이전부터 혁명의 기치를 들었으나, 역사적으로 그 기점을 '그날'로 잡았기 때문이다. 그런 의미에ㅔ서 <핏물이 스며 붉게 물들인/ 그날의 거리>는 이 작품의 시공(時空)을 확정한다. 태양의 위치를 찾다가 '고개 쳐박은 해바라기'는 정의를 추구하다 희생된 '젊은 영혼'일 터이고, 이는 질식하고 있는 역사를 일깨우는 혁명이고, 그 혁명 정신이 우리의 가슴에 여운처럼 전해오고 있음이다. 둘째 연은 '밝아오는 새벽'을 강조하기 위하여 반복어법을 활용하고 있다. '거리, 거리' '가슴 가슴마다' '피를 뿌려, 피를 뿌려' 어둠을 물리치기 위해 생명을 바친 영혼을 환기한다. 이 '어둠'은 1연의 '질식'과 동질적 이미지일 터이매, 이를 깨뜨리려는 의지의 반영이다.

'2'는 내용 전개상 3연 16행으로 추정된다. 산화한 영령들에 대한 추모가 중심이다.

> 찢겨 피 묻은 심장을 움켜쥐고 파도같이 밀려오던
> 그날의 거리에 서서 눈을 감으면
> 이름 없이 죽어간 눈망울이
> 뜨거운 빛을 발하고 가슴에 와 안긴다.
>
> 피 묻은 총뿌리 앞에 이슬져 사라진
> 영혼을 마주하여 먼날의 눈을 들고
> 기도를 하노니,

〉

숨막힐듯 비좁은 窓문은 열렸고
무겁던 어둠도 사라졌는데
피가고인 우리들의 행로위엔 못다핀
꽃잎들의 슬프게 싱싱한 가슴들이
잠들어 있다.

神에의 섭리로 형성된 성스러운 지역 거기 무수히
흩어진 落花의 가슴에
노을을 닮은 아늑한 哀曲은 은은히 흐르고
달빛도 눈물을 쏟아 두견새 마저
슬피 우는구료!

이 작품 '그날의 거리에 서서 눈을 감으면' 화자(話者, 서정적 자아)의 가슴에 순국한 영혼들의 '뜨거운 빛'이 들어오고, 이로 인해 그는 영혼을 마주하며 기도를 드린다. '총뿌리'는 '총부리'로, '먼날'은 '먼 날'로, '숨막힐듯'은 '숨 막힐 듯'으로, '피가고인'은 '피가 고인'으로, '못다핀'은 '못 다 핀'으로 등으로 다듬어야 현대시로 작용할 터이다.

시적 화자를 비롯한 '우리들'과 함께 청년들의 행로 위에는 못다 핀 꽃잎들이 슬프게 잠들어 있다. 이 부분에서 이덕영 시인의 특출한 표현력이 다시 등장한다. 〈못다핀/ 꽃잎들의 슬프게 싱싱한 가슴들〉은 역설과 반어를 통하여 문학적 감동을 배가(倍加)하고 있기 때문이다. 화자는 다시 슬픈 영혼들이 잠들어 있다는 전제에서 〈神에의 섭리로 형성된 성스러운 지역〉이 도입된다. 그 곳에는 '아늑한 哀曲'이 은은히 흐르는데, 달빛도 눈물을 쏟고, 이에 호응하여 두견새마저 슬프게 운다. 눈물을 쏟는 '달빛'과 슬프게 우는 '두견새'는 뒤에 남아 희생된 영혼들을 추모하는 '우리들'의 보조관념일 터이다.

'3'은 원본에 탈루되어 있지만, 내용의 전개를 검토하면 '피의 遺産—'부터 2연 8행으로 정리하는 것이 합리적 추론으로 보인다.

> 피의 遺産— 오늘 조국의 새날을 설계한 피지 못한
> 落花의 意味를 어찌 잊을수 있겠는가?
> 새벽이 밝아오는 나라 이슬맺히는
> 우리들의 넘치는 당신의 숨결.
>
> 별빛으로 승화해간 나의 거룩한 형제들
> 핏물 베인 이 江山에
> 五月의 싱그런 아까시아는 곱게 피어 가지만
> 못다핀 꽃잎의 나즉한 속삭임은
> 우리들 모두의 가슴에 흘러오고 잊지(있지) 안는가?

'피의 유산'을 잊지 않겠다는 다짐의 성격이다. 落花의 의미를 잊지 않겠다는 것, 당신의 숨결이 우리들의 가슴에 넘친다는 것, 별빛으로 승화한 '나의 거룩한 형제들, 그 핏물 배인 우리나라에 5월의 싱그러운 아카시아 꽃은 곱게 피어 가지만, 못다 피고 숨진 분들의 속삭임은 우리 모두의 가슴에 흘러오고 있다.'는 것이다. '아까시아'는 '아카시아'로, '베인'은 '배인'으로, '나즉한'은 '나직한'으로 정리하면 이해에 도움이 될 터이다.

이 부분에서 독자들은 두보(杜甫)의 시 「춘망」의 <國破山河在(국파산하재) 城春草木深(성춘초목심) - 나라는 망하여도 산하는 남아 있어, 성 안에 봄이 오니 초목만이 우거졌다.>는 시상(詩想)을 연상

할 수도 있다. 직접적 연관성보다 이미지의 결합이 그러하다. 우리들은 나라의 민주화와 정의를 외치다 산화한 영혼들을 기리는데, 그러한 심리적 반향과는 달리, 자연으로서의 아카시아 꽃은 곱게 피어 있기 때문이다.

'4'는 1연 5행이다.

> 장하신 님들이여
> 1956년 가을 '부다페스트'에서 죽어간 그少女의 이
> 야기를 이제는 아시겠구료!
> 당신도 말하시요 우리도 녹쓸은
> 조국을 닦아내다 쓰러진
> 파도보다 강한피가 뛰노는 장한 젊은이 였다고.

화자는 '장하신 님들'을 강렬하게 추모하며 기리고자 한다. 특히 1956년에 헝가리 혁명의 무대인 '부다페스트'에서 죽은 '소녀'와 동일시를 한다. '그소녀'는 '그 소녀'로, '말하시요'는 '말하시오'로, '녹쓸은'은 '녹 슨'으로, '강한피가'는 '강한 피가'로, '젊은이 였다고'는 '젊은이였다고'로 정리하여 읽으면 이해에 도움이 될 터이다.

이 부분은 1958년에 쓴 김춘수(金春洙) 시인의 대표작 「부다페스트에서의 소녀의 죽음」을 인용한 것이다. 이 시는 〈다뉴브江에 살얼음이 지는 東歐의 첫 겨울/ 街路樹 잎이 하나 둘 떨어져 뒹구는 黃昏무렵/ 느닷없이 날아온 數發의 소련제 彈丸은/ 땅바닥에 쥐새끼보다도 초라한 모양으로 너를 쓰러뜨렸다〉 (중략) 〈너는 열세 살이라고 그랬다/ 네 죽음에서는 한 송이 꽃도/ 흰 깃의 한 마리 비둘기도 날지 않았다./ 네 죽음을 보듬고 부다페스트의 밤은 목 놓아 울 수도 없

었다>(후략). 김춘수 시인은 그때의 상황이 엄혹(嚴酷)하여 '목 놓아 울 수도 없었다.'고 하였지만, 이덕영은 '조국을 닦아내다 쓰러진 장한 젊은이'였다면서, 불특정 독자를 향하여 '당신도 말하시요!' 강하게 주장한다.

'5'는 2연 9행이다. 산화한 영혼들의 뒤를 따르겠다는 다짐을 강하게 맹세한다.

> 落花진 뜰안에, 落花진 뜰안에,
> 얼룩진 핏자죽들
> 핏방울 마다 스며있는 젊음의情火
> 태양은 주름살을 펴고 웃는데
> 이 찬란한 아침을 영원이 빛나게 하리라.
>
> 피젖은 함성소리가 아직도 엉켜서
> 저리도 푸른江물이 되어가고 있는데
> 다시는 녹쓸지 않는 역사를 가꾸리라 지금은
> 무릎을 정히 꿇고 맹세하는 것이외다.

화자의 다짐과 맹세를 강렬하게 드러내는 부분이다. '뜰안에'는 '뜰 안에'로, '핏자죽들'은 '피 자국들'로, '핏방울 마다'는 '핏방울마다'로, '젊음의정화'는 '젊음의 정화'로, '녹쓸지'는 '녹슬지'로 정리하여 읽으면 이해에 도움이 될 터이다.

꽃이 지진 뜰에 아직까지 남아 있는 '핏자죽들', 그 '핏방울'마다 스며있는 젊음의 '情火'를 기억하며, 그 분들이 열어준 찬란한 아침을 영원히 빛나게 하겠다는 다짐을 담고 있다. 또한 '피젖은 함성소리'가

'푸른 강물'이 되어 가고 있는 지금, 다시는 녹쓸지 않는 역사를 가꾸리라 맹세하고 있다.

'6'은 3연 14행이다. 그날을 기억하며 영원히 흔들리지 않는 조국을 세우겠다는 다짐과 축원(祝願)을 담고 있다.

> 이제 꽃잎이 흩어져 다져진 가난한
> 이땅위에 영원이 흔들리지 않는 조국을 세워
> 보다 더 뜨거운 太陽을 향하여 그날의 피문은 거리에로
> 새날의 힘찬 함성이 여울처럼 빗겨
> 五月은 저리도 청청히 연연히
> 푸르러 가노니
>
> 마구 서러웁도록 그리운 歡喜와
> 저리도 찬연한 우리의 하늘에
> 홍겨운 旗幅이 나붓끼고 있음은
> 얼마나 울고 싶도록 기쁜 일인가?
> 또하나 닥아서는 내일의 太陽을 맞이 할 힘있는 건설을 하리니
> 못다핀 꽃잎 들이시여!
>
> 저희들 이어린 가슴안에 다시 피옵소서.
> 고옵게 피옵소서.

시적 화자는 꽃잎이 떨어져 다져진 민주국가를 세우겠다고 다짐한

다. '나붓끼고'는 '나부끼고'로, '또하나'는 '또 하나'로, '닥아서는'은 '다가서는'으로, '맞이 할'은 '맞이할'로, '이어린'은 '이 어린'으로 정리하여 읽으면 이해에 도움이 될 터이다.

시적 화자는 서럽도록 그리운 환희가 넘치는 찬연한 우리의 하늘에 깃발이 나부끼는 일이 울고 싶도록 기쁜 일이라고 말한다. 못다 핀 꽃잎으로 은유된 젊은 영혼들에게, 그분들의 '힘찬 함성'이 우리들의 가슴에서 소생하기를 기원한다. 그분들의 꽃잎이 우리들의 가슴 안에 '다시 피옵소서' '고웁게 피옵소서' 정서적 반복을 통하여 그 기원의 간절함을 형상화하고 있다.

3. 『焚香』의 문학사적 의미

3.1 시대정신의 주동적(主動的) 반영

『焚香(분향)』의 필자들은 1960년에 고등학교 1~3학년 학생들이다. 이들은 문학창작에 뜻을 둔 청소년들이었고, 대전에 소재한 고등학교 학생들이 연합하여 1959년에 결성한 '머들령동인'들이었다. 이들은 대전일보와 중도일보에 지상 투고를 하였고, 1960년 3월 1일에 '3.1 문학의 밤'을 개최하여, 1919년에 발발한 3.1운동을 시로 승화시켰다.

이처럼 지역의 청소년들이 연합하여 문학창작과 문학활동을 하던 중, 1960년 4월 19일을 전후하여 '4.19 학생 혁명'이 발발하였다. 서울과 지방의 대학생들이 주축이 되어 목숨을 걸고 자유와 민주를 지켜낸 일은 민족사에 길이 날을 의거였다. 이때 희생된 학생들을 추모하는 '추도시제(追悼詩祭)'를 대전의 고등학생들이 '뷔엔나' 다방에서 개최한 일, 이때 발표한 작품을 중심으로 시집을 발간한 일은 전인미

답(前人未踏)의 쾌거였다.

4.19 학생 혁명이 발발한 지 1개월 여 지난 시기인 1960년 6월 10일, 희생된 학생과 청년을 추모하는 시집(詩集) 『분향(焚香)』을 발간하여 대한민국 문학사의 한 페이지를 장식한 것은 참으로 놀라운 일이다. 68쪽에 불과하여 스스로 '가난한 시집'이라 불렀지만, 이는 가난한 것이 아니고, 놀라울 만큼 위대한 업적이다. 4.19 횃불이 시들기도 전에 대전에서 시로 세운 문학혼은 두고두고 회자(膾炙)될 일이다.

3.2 지역문학의 선구자 정훈 선생

대전 지역에서 발간된 고등학생 시집 『焚香』은 시대정신의 반향이라는 위대한 역할을 다하였다. 뿐만 아니라, 스승과 제자, 그리고 지역사회가 합심하여 이룬 쾌거라 할 수 있다. 충청권을 지키며 시와 시조를 창작한 선구자 소정 정훈 선생이 등대 역할을 하였다. 머들령문학동인의 고문으로서 『焚香』의 첫머리 시 「젊은 英靈들에게」를 수록하였다.

> 젊은 英雄들.
> 獅子와 같이 義憤의 咆哮는 地軸을 흔들었고
> 아래 붉은 꽃잎으로 졌다.

4.19 학생 혁명으로 산화한 영혼을 기리는 작품을 창작하여 후배이자 제자들을 선도한 것은 지역 대표 문인으로서의 역할을 다한 것이라 하겠다.

> 自由와 榮光의 날을 爲하여

하나 쓸어지면 또 하나 쓸어지고
百이 千이 삼대처럼 쓸어졌다.
義血을 이 江土에 철죽처럼 뿌렸다.

젊은 영령들은 나라와 겨레의 자유와 영광을 위해 쓰러진 것이다. 하나가 쓰러지고 또 하나가 쓰러져, 쓰러진 사람이 백이 되고, 또한 천이 되어 삼대(삼베를 만든 뒤 남은 나뭇가지 묶음)처럼 쓰러지면서, 우리 강토에 철쭉꽃 같은 붉은 義血을 뿌렸다고 의미를 부여한다.

〈壯하다 祖國은 蘇生했도다.〉
〈正義의 喊聲은 千秋에 울리로다.〉

이들의 희생으로 조국은 소생하였으며, 정의를 부르짖는 함성은 천추(역사)에 길이 울릴 것이라고 감격한다. 그리하여 그는 다시 〈祖國의 자랑인 英靈〉들이 고이 잠들기를 축원하는 시심으로 청소년 문사들을 인도하였다.

3.3 열혈문사 丁迅 시인의 실무 감각

시집 『焚香』을 실무적으로 계획한 이는 '머들령문학동인'의 지도고문인 정훈 선생의 장남 정병우(필명 丁迅)였다. 당시 그는 고려대학교 학생 신분으로, 시조와 문학평론을 공부하는 문학청년이었다. 때로는 부친 정훈 선생의 한약방을 돕기도 하고, 부친을 대행하여 머들령문학동인 결성에도 앞장을 섰으며, 고등학교 문사들의 시집 『焚香』 발간을 직접 설계한 유공자로 윤충(尹忠) 시인은 회고한다.

문사 丁迅은 1939년 충남 대전에서 출생하였고, 대전고등학교와 고려대학교 국어국문학과를 졸업하였다. 1967년 《동아일보》신춘문예 시조 부문에서 「유억(幼憶)」이 당선되어 시조시인으로 등단하였다. 그는 다시 1968년 《동아일보》 신춘문예에 문학평론 「現代詩와 品詞와의 相關攷」가 당선하면서 다시 등단하였다. 동인지 '머들령'을 주관하고 평론집과 시집을 발간하여 충청권의 건강한 깃발을 자임하였으나, 말년에 문학활동을 중지하고, 충청지역을 떠난 후 사망한 분이다.

정리하면, 그가 문학창작에 열중하던 때에 대전에서 부친을 도우며 학생문단을 이끌었는데, 이 시기와 4.19 혁명 시기가 일치하여, 역사적인 시집 『분향』이 탄생한다.

3.4 청년 문사 양성의 요람

1960년에 대전 지역의 고등학생이었던 청년문사들의 문학창작 열기도 뜨거웠다. 작품을 수록한 20명 중 당시 대전공업고등학교 2학년으로 참여하였던 이덕영은 독보적이었다. 그는 1963년에 《한국일보》 신춘문예에 시조 「化石」이 당선하였고, 같은 해 《동아일보》 신춘문예에 시조 「꽃」이 가작으로 입상하여 발군의 기량을 선보였다. 또한 문화공보부 신인예술상 희곡부문에서 특상을 수상하는 등 문단의 기린아로 등극하였다. 시조로 등단하였으나 주로 시를 창작하여 시집 1권 『한 줄기 연기처럼』을 발간하였으며, 사후 유고시집 1권 『푸른 것이 더 푸른 날』이 상재되었다.

머들령 문학 동인으로 활동하던 시 분과 회원인 이덕영, 윤충(尹忠)은 『焚香』에 참가하였다. 그러나 소설 분과 강신본은 『焚香』에는 참여하지 않고, 단기 4294년(서기 1961년)에 발간한 고등하교 학생 '강신본 윤충 이덕영' 3인 시집 『태양을 안고』에만 시인으로 참여하였다. 이 후 이덕영과 윤충은 대전은 물론 충청권을 대표하는 시인으로 널리 알려졌다. 또한 『焚香』에서 유일하게 시조(3연시조)를 발표하고, 삼인시집에 발문(跋文)을 쓴 임선묵(林仙默)은 현역 시조시인으로 저명하며, 대학교수로서 시조 이론을 정립하여 일가(一家)를 이루었으니, 『焚香』이 지역 문단에 기여한 공은 그야말로 높이 평가되어야 할 것이다.

『문학사랑』 2021년 겨울호에 수록된 평설임.

제4편

이덕영 시와 시조 읽기

1장. 『분향(焚香)』에 수록된 이덕영 시

2장. 『太陽(태양)을 안고』의 이덕영 시

3장. 『한국일보』 신춘문예 당선 이덕영 시조

4장. 『호서시선(湖西詩選)』의 이덕영 시

5장. 『푸른 메아리』 1권의 이덕영 동시

6장. 『푸른 메아리』 2권의 이덕영 동시

7장. 시집 『한 줄기의 연기(煙氣)』의 시

8장. 시집 『푸른 것이 더 푸른 날』의 시

9장. 『한국현대시조대사전』의 시조

10장. 신문 잡지에 발표한 시와 시조

1장. 『분향(焚香)』(1960)에 수록된 이덕영 시

「落花의 가슴에」

핏물이 스며 붉게 물들인
그날의 거리에서 고개 쳐박은 해바라기는 다시금 太陽의 위치를 찾았고 질식한 歷史는
잠을 깼는데 우리들 가슴 안으로 지금도 波文져 오는 피바람의 餘韻….

거리, 거리, 가슴 가슴마다에 불 붙는 분노와 정의는
시커먼 어둠에 피를 뿌려, 피를 뿌려,
밝아오는 새벽을 절규하였다.

찢겨 피 묻은 심장을 움켜쥐고 파도같이 밀려오던
그날의 거리에 서서 눈을 감으면
이름 없이 죽어간 눈망울이
뜨거운 빛을 발하고 가슴에 와 안긴다.

피 묻은 총뿌리 앞에 이슬져 사라진
영혼을 마주하여 먼날의 눈을 들고
기도를 하노니,

>
숨막힐듯 비좁은 窓문은 열렸고
무겁던 어둠도 사라졌는데
피가고인 우리들의 행로위엔 못다핀
꽃잎들의 슬프게 싱싱한 가슴들이
삼들어 있다.

神에의 섭리로 형성된 성스러운 지역 거기 무수히 흩어진 落花의 가슴에
노을을 닮은 아늑한 哀曲은 은은히 흐르고
달빛도 눈물을 쏟아 두견새마저
슬피 우는구료!

피의 遺産— 오늘 조국의 새날을 설계한 피지못한 落花의 意味를 어찌 잊을수 있겠는가?
새벽이 밝아오는 나라 이슬맺히는
우리들의 넘치는 당신의 숨결.

별빛으로 승화해간 나의 거룩한 형제들
핏물 베인 이 江山에
五月의 싱그런 아까시아는 곱게 피어 가지만
못다핀 꽃잎의 나즉한 속삭임은
우리들 모두의 가슴에 흘러오고 잇지(있지) 안는가?

장하신 님들이여
1956년 가을 '부다페스트'에서 죽어간 그少女의 이야기를 이제는

아시겠구료!
　당신도 말하시요 우리도 녹쓸은
　조국을 닦아내다 쓰러진
　파도보다 강한피가 뛰노는 장한 젊은이였다고.

　落花진 뜰안에, 落花진 뜰안에,
　얼룩진 핏자죽들
　핏방울 마다 스며있는 젊음의情火
　태양은 주름살을 펴고 웃는데
　이 찬란한 아침을 영원이 빛나게 하리라.

　피젖은 함성소리가 아직도 엉켜서
　저리도 푸른江물이 되어가고 있는데
　다시는 녹쓸지 않는 역사를 가꾸리라 지금은
　무릎을 정히 꿇고 맹세하는 것이외다.

　이제 꽃잎이 흩어져 다져진 가난한
　이땅위에 영원이 흔들리지 않는 조국을 세워
　보다 더 뜨거운 太陽을 향하여 그날의 피문은 거리에로
　새날의 힘찬 함성이 여울처럼 빗겨
　五月은 저리도 청청히 연연히
　푸르러 가노니

　마구 서러웁도록 그리운 歡喜와
　저리도 찬연한 우리의 하늘에
　홍겨운 旗幅이 나붓끼고 있음은

얼마나 울고 싶도록 기쁜 일인가?
또하나 닥아서는 내일의 太陽을 맞이 할 힘있는 건설을 하리니
못다핀 꽃잎 들이시여!

저희들 이어린 가슴안에 다시 피옵소서.
고옵게 피옵소서.

2장. 『太陽(태양)을 안고』(1961)의 이덕영 시

거울

1
꽃 속에 스며들
아리따운 기억으로
안으로 고웁게
가다듬은 하늘에
싸늘한 시선의
달무리

2
바람처럼
가버리리야
밤이 내리는 네 곁에
마즈막 은은한
종이 울고
푸른 세월이 닫히는 날
나 또한 그렇게
바람처럼 가버리리야

3

살얼음 끼듯
너는
나의 모든 영역을
스쳐간 환영
보아 웃질 않고
울지 못하는 사랑 앞에
흐려가는 물살
깊은 우물 속
구름 같은 내가
섰어라.

눈

그래서 하늘은 새벽을 소리치다
무너진 江물이었다

生成의 彼岸에서
마음 물의 흐름이 깊어질 때
풋풋이 익어가는 누군가의
숨결이었다.

승화한 記憶의 주변에
잠들어 있는 碑文을 두고
꽃방울을 떨쿠던 하얀 꽃밭 뒤로

눈은
마즈막 층계를 오르며
찢기운 깃폭을 휘날려야 하는
항시 서러운 노래였다

꽃물이 고이는
저녁탑의 그늘 위으로
祈禱는 눈송이처럼 내리고
裸木이 섰고

슬프게 싱싱한 가슴들의

잠잠한 몸짓 속에선 해바라기의
숨 죽여 흐르는 고통이 일고

스스로의 매듭진 자세를
맨 처음의 빛깔로 물들여가는 평행선에서

남루한 시간을 떨어뜨리며
혈맥은 뜨거워 오는데

빈 領土의 구름너머
바닷새의 나래끝에선 문들어진
어둠의 충충한 파도가 일고
얼룩진 손이 흔들리고

그래서 하늘은 里程을 잃어버린
江물이 되었다
눈이 되었다.

피리를 불며

필릴리
필릴리
세월이 가는 것일까
아니면
오는 것일까

한껏 솟았다 사픈 내리는 가락 속에
제비가 오는 마을
낮달이 스치고
피 맺힌 뻐꾸기가 있는
정겨운 내 어머니의
고향아

꽃잎 떨어진 자욱처럼
야드르한 바람의 자세로
가슴마다 밀리우는
눈물 같은 노래…

여문 기억 속에 살폿 젖고 나면
하고픈 사연은
울어 줄 하늘과 숲 사이에
내일이 없는데
>

여기 태양이 화안한
焦土위에

이젠 텅 비인 가슴이 아닌
싱싱한 해바라기가
되여가는 나의 피리 소리여

필릴리…
필릴리…
세월이 가는 것일까
아니면
또 세월이 오는 것일까.

밤으로 가는 풍경화

상처 난 하늘 언저리로
썩은 江河같은 향수를 모우고
빨간 신호등이 힛쭉 웃고 있는 거리에
나는
길을 잃어버린 나는
호흡을 상실한 채 가늘게
몸부림해야 하는 裸木
안으로 울려오는 계절의 여윈
흐느낌과
카렌다가 찢어지는 아슬픈 음향을
위하여
달이 녹 쓴 페이브멘트에
눈물을 부비면
되돌아 올 수 없는 의미의 종소리
퇴색한 이름으로 구겨지다 만 휴지쪽
情話를 모르는 사람들 그림자
마알간 흔들림의 기도를 안고
먼 계절의 변두리에서
야위어 가는 잎 파리
천국에의 里程標가 붙은 전봇대 아래
한쪽 다리가 들린 벌을 보는
개새끼와
목아지가 기인 자석의 폭소는

뜨거웁고
크라이막스의 광상곡
처절한 울림 속에 은하가 밀물하는
마즈막 曲을 기억하는가 기억하는가
기억하는가
피가 말라 버린 웃음의 위치
어둠은 계단을 서성거리며 손짓하고
신화가 익는 지점으로
년륜이 시시덕기리며 스러지는
머언 먼 소리
거울 속에 퍼렇게 침몰하는 꽃이여.

가을

가을은
아련히 떨어가는 하늘의
부푼 숨소리

가을은
바래움이 많은 소녀의 꿈이 젖은
푸른 손수건

가을은
아줌마가 그려준 그림속의
빠알간 능금

가을은
달을 잉태한 예쁜 화병의
아스라한 내음새

가을은 강물빛 살아서 번지는
은은한 종소리
가을은
두고 온 고향하늘 보다
더 파아란 철새들의
……눈눈
〉

이런 것들로 하여
노을은 눈부신 소용돌이 속에서
그윽히 고여 오는 무지개.

門

금이 간 하루의 안에
분명 흔들리고 있는 것은
壁이었다

하늘한 몸매에
千年을 드리우고
뿌여ㅎ게 흩어지는 먼 江물
내음새가 있는 位置

두들기는
사람이 있었다

　　아아라한 높이에서
　　때 묻은 깃발이 펄럭이는
　　작은 領土 어귀로
　　분노는
　　새벽을 피우며
　　불을 지른다

맨 처음 거울은
울음보다 진한 물살의
音響이었다
>

어둠을 건너
흰 구름 빛깔마다
달이 익어

빛을 막아둔 체온은
이미 出口로 통하는
발자욱

이 끝에 서면
아슬히 열리는
저 끝이어

꽃 이파리가 하나 진다
…종 소리를 뿌려라…
밝음으로 펼쳐오는
그것은 청아한 불꽃

핑그렁 맺는 눈안에
아득한 孕胎의 숨소리
훨 훨 훨
구름을 잡으러 날아가자.

달

후조의 나래 끝에
은행잎 이우는 늦가을
시골 색씨의 물동이 속이래도 좋다
또는
하얀 배꽃이 어머니의
눈물처럼 내리는 봄밤
아쉬움으로 파르르 떨리는
가지 끝 이래도 좋다.

애人띤 내음은
울렁이는 입김으로 부디ㅈ쳐간
湖心에
설레임의 젖은 손수건을 남겨 주고
가을은 흐느낌에 조용히
머무는 눈시울

아 이끼 핀 사랑의 묘비가
찬란한 은하로 스러지는
노래여

어디메쯤
메아리의 뒷 여음으로 사라지는
꽃 구름 꽃구름

〉

이따끔
처절한 이름이 가야금처럼
울림하는 밤

달은
마즈막이면서
다시 잉태하는 意味를 안고
그 아득한 영원의 돌레에
천년을 출렁이며 넘치고 있었다
넘치고 있었다.

촛불

손짓해 부를 수 없는
어제ㅅ날이
꽂 피를 새기고 굳어진
참회의 소스레한 몸둥이에
혈맥의 이글대는 흐름은
이 무거운 광장에도 부서져 넘치는가

펄럭이는 無限의 숨가쁜
둘레안에서
거센 憤怒의 立像으로
스스로만의 애절한 바램을
흐느끼다
결국 머언 異域에 나래를 접는
꽂으로 돌아간
화려한 내음새의 엄마 우리엄마

섬섬한 눈으로 응시하는 가슴에서
바닷물 같은 설레임에서
꽂빛 구슬 누나야 아롱다롱
하얀 꽂빛 구슬이 웃읍다야

찬 옷깃 언저리에
어스레히 발돋음 하는 하늘이

가볍게 넘치는 애타운 意味를
호젓한 忘却의 뒷길로
모아 오는 소리
잠을 깨우는 소리

그리하여
어느 핏줄에
초조로운 餘音을 남기고
촛불은 통곡처럼 웃고 있었다

바래임 할 수 없는 목쉰 原始의
숨결 속에 慾望의 殘在를 집어 삼키며
홀로 남은 전율로
비애가 수렁대는 물결을
휘저으며
휘저으며
탄생하는 이름하지 못할
한숨이 있다

심장을 저미는 內部에서
고요한 우주가 문을 두드리면
피를 토하는 어린 목숨의
아우성은
아지랑이 같이 숨을 사르고
허전한 자죽의 물가로
애잔히

무늬짓는 꽃 꽃니파리

生成의, 푸른 파돗 소리와
굴욕의 계단을 탈출하는 싱싱한
깃발의 안 마음으로
조용히 살아나고 있는
숨가쁜 인내는
또 하나 永遠을 잉태하는
경건한 祈禱였다

비로소 광채 속에
눈을 뜨는
모오두의 옛날이었다.

진달래

진달래는
시집간 누우야의 분홍 저고리 같은
그리움

배고픈 아이들이
오르내리던 골짜기에

상처 입은
새끼 사슴이
뚜욱 뚝 —
흘리고 간 고운 핏 자죽

진달래 이야기를 들려주던
진달래처럼 슬프던 누우야는
머얼리 가버렸고

두견새 울음소리만
꽃잎에 무르 젖는다.

化石에의 姿勢

눈 먼 하늘 끝에서 찢어진 落花로 보채는 숨착(찬?) 時間은 어쩌자는 거냐 맨 처음 파도가 일렁이던 날로부터 휴지가 버려진 里程標앞으로 조각진 호흡이 흐르는 오늘까지 休息이란 아예 없어도 좋다.

허허로운 광야에 異邦人처럼 母國語가 그리운 鐘소리를 마시며 꽃을 피워야 하는 찢기운 念願속의 뭉개진 손끝

싸늘한 悔恨의 餘韻 언저리로 목마른 침묵을 두고 바람을 탄생하던 하얀 內部에 어제가 이슬을 떨쿠고 휘ㅅ딱 스쳐 가 버린 울음을 슬퍼하려 하지 않는다.

信仰이 고이는 뒤안길로 먼 훗날에의
피곤한 여정이 灼熱하는 미소를 뼈 아프게 씹으며
화사한 밤의 生理를 모아 오는 소리

神은 말씀을 까막은 귀밑으로 이그러진
體溫을 부비면서 變色된 혈맥 가슴을 들어
어느 狂女의 쓸쓸한 울음 소리라도 번져와
안겨주길 뉘우침하는 기도로 눈을 감고 있었다.

허망한 부름이 머언 시간의 부근으로 흘러가는 따사함을 위하여 발 돋음하는 안타까운 所望의 說話를 머금고 出發하는 表情을 잃은 無色의 旗…

>

얼룩진 永遠을 시ㅅ어안고 마즈막 출렁임으로 젖어 가는 울림을 하늘속 깊이 던지면 地表가 내리우는 밝음위으로 꽃밭에 나비가 나는 소리 灰色을 거부한 廣場에서 昇華하는 虛望과 無數히 散在한 목숨이 안쓰러움을 조각하는 피로로움

눈과 꽃 일렁이는 原始의 숨결 속에
아쉬운 對話를 두고 모두들 零으로
돌아가는 길 기에 傷痕의 얼굴은
非情한　손을 흔들며 서있다.

지금 서서히 내리우는 하늘앞에 살아나는
가느른 音響의 무게로 漂白된 言語를 먹음은 채
瞬間의 周邊에는 뽀얀 안개가 밀리고
보람이 풀리는 내음새로 하여
머얼리서 한마리 새가 와 앉는다.

꽃병

호수를 돌아
출렁이는 구름이 하늘빛 사연을
쓰러안은 窓에

종일 아쉬움을 새기고 섰는
그윽한 그림자

하이얀 나래로 퍼덕이는
鶴이
처량한 울음으로 돌아간 언저리에
꽃이 피는 눈물방울

향내음 불룩한
그 꽃잎 하나에도
찬란한 세월은 흘러가고

눈부신 孕胎의
고요한 마음안 노래로 하여
선연히 비쳐 오는 보름 달
꽃잎이 하나씩 둘씩
문을 여는 소리와

발그레한 입술 언저리 마다

일어오는 먼 날 종 소리

永遠을 향해
조용히 잠들어 가는
푸른 강물 위로

아늑한 마음이
나비가 되어 나른다.

나무

바람의 허망이 그리운 날
어기찬 체념으로
눈을 부비는 나무는
빈손의 흔들림에서 떨고 있는
때묻은 里程은
얼마만큼 흐느끼는가

어둠의 무게로 허물어지던 소리
流刑을 더듬어 밀려드는
일그러진 모든 生成의
表情에서
지금도 싸늘한 숨결이 덮이는데

그것은 어쩌ㅁ 상실하는 아픔으로 트이다 만
그래서 매듭지는 발 자욱
서러웁도록 안타까워야하는 별
주름진 페허를 슬어 보며
총총히 돌아 선 아우성의
모락이는 할딱거림 안으로
눈물이
투명한 종소리를 뿌리고 간
후에도
記憶은 고웁게 自虐하는

버릇이 있었다.

모오두들 떠나 버린
빈 그림자 안에 달을 그리던
아 참아 못가진 내 누우야의
꽃물 배인 새끼손톱 사랑으로
드리워 진 이야기

고요가 부디ㅈ치는
끝없이 먼 날의 空間을 휘저으며
不如歸의 구겨진 입김으로
살아온 意味인 채

忍苦의 江으로 흐르는
스산한 年輪의 뒷 모습을 닮아가는
몸짓으로
우뚝 우뚝한 空虛가 머무는
어슬픈 說話를 두고

이 오오랜 地點의
終末을 위하여
기도의 눈길 너머로 돌렸던 無垢한
귀를 거두어

昇華하는 마음의
저 靜謐하는 湖面에

太陽을 던지며
太陽을 던지며

나무는 내 어매의 향그런 젖 무덤이
되어 가고 있었다.

아무에게나

어디만큼 곱다란 밤이 오냐고
색 종이를 접고 울다 간 아이는
候鳥들의 피여울에서
아지랑이와 소꿉장난하는
꿈을 꾸었다.

꽃물 화안한 눈시울로
生存의 변두리로
마음 안자락을 적셔 오는
밀물 물결소리

까만 石碑에 어쩌면
저리도 빗소리가 찬란하냐고
상채기 진 밤을 퇴덜대든
일요일은
車窓이 되어 버렸다는데

무너진 거울의 領域으로
밤 개찢음이
불을 지피는 異邦의
언저리마다
꽃망울은 터져 血河를 이루었다는데
>

나풀 거리는 헤어짐의
아쉬운 손 끝과
안으로 솟구치는 아우성의
의미를 몰라 太初가 壁으로 다가서는
허허로운 曠野

계절이 발소리를 멈추고
초롱거리는 눈물을 떨구는 지점
누구든지 누구든지
저 해 ㄹ쓱한 가랑잎을 주어 보아라

거기 하얗게 쌓이는 噴水의 잿 더미
이내 눈 떨어가는 시간은
〈내 고향 남쪽바다 그 파란 물〉

아무에게나
찬 가슴을 부비며 조금씩 조금씩
빛을 발하는 얼룩진 입김이
그리웁다는데
裸木은 -

푸르런 울림의 저쪽
우리 모오두들
구름이 되자야
뜨거움이 되자야.

3장. 『한국일보』(1963)의 신춘문예 당선 이덕영 시조

化石

〈1〉
가슴안 흐늘진곳
침몰하는 꽃이 고와

포성이 울다간 날
산굽이 노을 젖듯

혈맥에
아픈 音樂으로
불 지피고 날은 새.

〈2〉
不如歸 千年 울음
피먹어 찢긴 하늘

못다한 외롬인채
눈시린 사랑속에
〉

무늬진
새하얀 숨결로
흘러가는 江물소리.

〈3〉
相思앓는 새악시
일렁이는 수줍음을

裸像의 生命에서
오늘이 곱게타는

罪스런
항아리 깊은 안에
다시 지는 달이여.

〈4〉
銀河ㅅ물 아아라한
祈禱들 나래접고

세월이 내려쏟는
傳說을 里程하다

눈물은
沈默을 밤 새워
永遠하는 아쉬움.

〈5〉

異邦의 설운 얼굴
안으로 조각하며

철썩이는 鍾소리
忍從에 깨물다가

향불로
휘돌아 문을 열고
나비되어 날리라.

한국일보 1963년 1월 4일 발표 작품

4장. 『호서시선(湖西詩選)』(1974)의 이덕영 시

처음과 끝

어둠의 처음과 끝을 우리가 알 수 없듯이
밝음의 最初와 最後를 알지 못한다.
잠의 처음과 끝을 모르듯이
꿈의 最後와 最初를 알지 못한다.
처음의 그 무한한 둘레와
最後의 이 작은 중심이
남기는 關係 사이에서
아름다움을 만나고, 어지러움을 만나고
罪와 만난다.
山속으로 내리는 달빛과
江물 밖으로 솟아나는 햇빛을 섞어
비척이는 時間 위에
苦惱를 칠하고 數萬의 虛無를 지운다.
울음을 잠 재우고 사랑을 깨우며
젖은 하루와 헤어진다.
온갖 어려움과 헤어지고, 힘과 헤아지고
罰과 헤어진다.
항시 새로움으로 솟는 땀과

언제나 아픔으로 흐르는 피를 섞어 별을 만들고
살갖을 문지르며,
진정한 맨발 소리를 남기며
아낌없이 주었던 저 우리들의 所有를 모르듯이
모든 처음의 最後의 단 한 끝의 最初를
알지 못한다.

눈을 맞으며

풍금 소리가 들려 왔어요.
찬 이마를 부비며
눈은 내 가슴 속으로 떨어져 내렸어요.
숨죽여 울며 멀어가는 쎄바스챤·바흐.
유리잔에 넘치는 빨붉은 장미 냄새를
마시고
램프燈 아래로 희게 젖어들고 싶었어요.
잃어버린 목청은 어디서부터 시작되나요.
빈 손으로 지워버린 지난밤의 별을
눈 내리는 벌판에다 마구 뿌려 보고 싶네요.
나무는 나무만큼의 눈을 맞고
지붕은 지붕만큼의 눈을 맞고
空虛한 것은 空虛한 만큼의 눈을 맞는
살갗 위로
풍금 소리가 들려 왔어요.
요한·쎄바스챤·바흐.
야망의 밤 빛깔이 흩날리는
눈발속에 검은 얼굴을 파묻고
그 때 확인한 것은
눈부시게 쌓이는 나의 바다이었죠.
이제 가까이 와 들으셔요.
풍금 소리가 차츰 멀어 가네요.

금오산에 가서

금오산에는 젊은 폭포가 살고 있다.
차고 머언 빛깔로 묻어오는 山의 그리움,
언제나 그러한 心情으로 열심히 일어서는
물소리가 살고 있다.
山 안개 때문에 내 마음이 젖는 것이 아니다.
벼랑 아래로 이울어 번져 내리는
山냄새 때문에 내, 가슴이 뜨거워 오는 것이 아니다.
山頂에 묻어 두고 온 때묻는 땀.
계곡에 던져버린 찌들은 말들.
그러한 것들은 남김없이 거두어서
山色으로 피워 올리는 산울림의 魂이 있어서
산봉우리마다 저 아름다운 기도가
무엇으로 남는가를
금오산에 가서 나는 알고 왔다.

왜 그렇게 밝았었는지

1.
山 아래를 걷는 우리들의 이마가
왜 그렇게 밝았었는지.
하늘 속에 흩어지는 목소리가
왜 그렇게 빛났었는지.
떨어지는 잎새들을 위해
기도하는 나뭇가지 끝마다
가득 차 오르는 바람.
이 나라의 空中이 늠름해져서
萬相을 당당하게 압도하는 단풍색에 묻혀서
마침내 全身에 남아 있는 쓰라렸던 눈물이
후련하게 쏟아졌었지.
젊은 빛깔을 쓸어내며
깊고 깊은 視野에 쌓이는 시간
그것을 모두 지우고 싶었지.
아름다움의 말이 필요하지 않은 길이 보이고
우리들의 발등이 왜 그렇게 환했었는지.

2.
왜 그렇게 나아갔는지.
숨은 풀꽃의 색깔이 아파서
더욱 쓸쓸한 가슴으로 나아가서
별을 몰고 오는 노래를 네게 덮어 주며

어떻게나 빈손을 문질렀는지.
사라진 것들이 다시 돋아나고
이제 무엇이고 참을 수 있다고
우리 뒤에 남는 온갖 낯설음에 대하여
악수를 하고
체험의 끝없음을 알았지.
왜 그렇게 자꾸 바라보며, 바라보며
우리들으 이마가 밝았었는지.

그러나 오늘은

코스모스와 사르비아가 함께 어울려 피는
그 길이 맑은 하늘 속으로 떠 오른다.
잃어버린 날들이 떨어져 와 쌓이는
이 나라 땅을 내 질러가며
가슴속에서 솟아나는 번쩍이는 힘이 보인다.

어둠 같은 것이 조금씩 허물어지는 소리가
아침 조간 신문에서부터 만원 버스 속까지
계속 나를 허기지게 하고 있었다.

쉽사리 버린 아픔은 아무데도 없다.
모두 어렵고 어지럽고 고단하다.

바람 끝에 일어서는 大同江 물결이라든지
南山 불빛이라든지

마음의 하늘 아래 매달린 흰 박덩이와 같이
기다림의 별들은 그리운 山 위에서만 빛난다.

누구라도 허울을 찍어내는 힘의 눈빛을
無視하지 못한다.

全能한 척하는 괴로움을 풀어내고

썩은 이빨 아래 묻힌 거짓말을 닦아내고
저기 피어나는 꽃을 아직 사랑하지 못한다.

그러나 오늘은
서로의 가슴 속에서 번쩍이는 따뜻한
하나의 힘이 보인다.

어머니의 주름진 손에서 끓여지는
된장이 보인다.

5장. 『푸른 메아리』(1974) 1권의 이덕영 동시

가을 기차를 타고

모르는 아이가 손을 흔든다.
어릴 적 고향이 코스모스 꽃잎에 묻혀
차창에 밀려든다.
가을 기차 소리가 멀어져 가는
그 끝마다 파란 하늘이 뚝뚝 떨어진다.
산 꼭대기로 흘러가는 강물
강 속으로 솟아 오르는 산
그러한 눈을 가지 누이의
참 슬픔이 노을이 되어 무너진다.
가을 기차를 타고 나도 찬 손을 흔들면
가슴 안으로
갈꽃처럼, 구름처럼 희게
무너지는 별이 보인다.
세상에 가장 깨끗한 눈물이 보인다.

창을 열어 주는 이

달빛 고이는 숲에
풀벌레를 울게 하는 이.
가슴에 빨간 능금알을, 고운 냄새를
하늘 가득히 채워주는 이.
아가의 잠 속에 더 맑은 별을
떠 올리는 이.
들길에 기다리고 기다리며 피는
코스모스를 사랑하는 이.
마음 자락에 강물같은 노래를
들려 주는 이.
나뭇잎에 물드는 꿈을 찾아서
떠나가는 이.
가만히 창을 열어주는 이.

여름

보릿대 짚 위에
고추장 옆에
감나무뒤에
여름 물방아 소기가 들렸다.
배탈이 나서 배가 아픈 나는
할머니가 돌절구에 지쳐 주신
쓰디 쓴 육모초 한 사발을
시드는 밤 꽃 냄새에 섞어 마시고
하늘을 바라보았다.
텃 논을 내질러오는 잠뱅이 바람의 바람
마당귀 열무 푸성귀 밭의 빛깔.
어느새 배가 안 아픈 나는
돌담 호박 꽃 앞에서 호박 꽃같이 생긴 누님의
목소리가 들려서
눈속에 어리는 구름이 눈부셔서
아아 가슴이 푸른 산 만큼 환해져서.

6장. 『푸른 메아리』(1976) 2권의 이덕영 동시

강물

자난해 가뭄에 말라 붙었던 강이
올해는 출렁출렁 넘치며
흘러간다.
누가 저 강물 속에 풀어 놓았을까.
흰구름과 파아란 바람자락
그 빛깔 속에 키가 크는 앞산과
우리 마을을
문들 혼자 부르는 노래 속에
갈라진 논 바닥을 밟고
작년에 도회지로 이사간
재철이가 보고 싶다.
돌 팔매 던지며 얼굴을 드니
누런 들판에 벼 이삭들이
강물처럼 넘실댄다.

꽃과 별

맑은 날
꽃밭에서 별을 바라보면
별처럼 깨끗한 누이가 보인다.
누이의 예쁜 꿈이 보인다.
별이 되어 사는
꽃잎같은 누이의 노래가 보인다.

꽃잎마다 쌓이는 별빛
별빛마다 어리는 누이의 냄새
별빛은 꽃밭이 되고
꽃밭 둘레로 나비가 되어
나는 나으 마음.

꿈 길

아기가 꾸는 꿈길에는
아기의 숨결이 스며나고
꽃들이 꾸는 꿈길에는
꽃들의 향기가 피어나고
송아지가 꾸는 꿈길에는
송아지의 풀밭이 펼쳐지고
기차가 꾸는 꿈길에는
기차의 머언 기적소리가 묻어난다.

외할먼네 가는 기차는
꽃길을 달리고
아기는 지금 엄마품에
잠이 들어
벌판의 송아지들과 함께
신나게 뛰노는 꿈길을
차창에 가득히 수놓고 있다.

7장. 시집『한 줄기의 연기(煙氣)』(1976)의 시

目次

新灘津
貨物
木工
現場
도랑물울음
한여름의 回歸
촌놈
近視
밀밭
울퉁불퉁에 관하여
감꽃安否
낫 한 자루로
숨바꼭질
보리타작
맨발
痕迹
로씨난테가 하는 말
봄밤
무엇이 머무는가를
소금을 지고
눈 속의 바다行
四月
愁心歌
짜겁고 짜거운 소금이 되어

處方
저녁때 냉수
南海에 와서
千年의 아침
破裂
샘물
速度
진달래는 피어서
우리들의 命令
겨울
탱자꽃 얼굴
한 마니의 말
가을 기차를 타고
露宿
侵入을 위하여
둘레
九月
靑陽에 가면
元亭里
防牌를 내리고
들찔레
길들임

序文 · 趙演鉉
解說 · 元亨甲

新灘津

江이 조용히 빛나고 있었다.
江가에 가득한 밀밭 위로 바람이 넘치고 있었다.
흰 모래톱에 던지는 돌 팔매.
하늘 위의 몇 마리 새들과
無心한 물결이
빈 가슴에 들어 와
어둠을 허물고 있었다.
키 큰 밀밭 사이로
지난 밤의 하찮은 不眠이
구름처럼 사라져 가는 것이 보였다.

貨物

봄밤의 滿潮가 하나 가득 실려서 간다.
살구나무 아래의 無許可 술집
그 알싸한 醉氣가 실려서 간다.
아득히 개 짖는 소리가 실려서 간다.
죄 없었던 날의 가슴속 거울이 실려서 간다.
개구리 울음뿐인 먼 마을이 실려서 간다.
무겁고 무거운 마음과
야위고 야윈 내 体重이 함께 실려서 간다.

木工

木工.
당신의 이마에 흐르는 어지러움을
무슨 땀으로 닦으십니까.
시장 어귀의 아우성.
낡은 內衣에 덮인 우리들의 쓰라림.
저녁 상 위의 흐린 불빛.
물결을 점령해 본 일이 있으십니까.
가령 木船 같은 힘으로나마
물살을 거슬러 헤쳐 본 일이 있으십니까.
무딘 대패로 거친 물결을 다듬으시며
해마다 빈약해 가는 당신의 微笑.
혼자서 바라본
별빛 무성한 벌판의 遠景.
사랑하는 이름들을 무슨 노래로
잠 재우십니까.
한 번도 그 나무의 살아 있음을
본 일이 없는 異國産 나무의 생명을 다듬으며
무슨 톱날로 妥協하십니까.
木工.
時間은 煙氣가 되어
뒤채는 상처를 문지를 때
추위가 당신의 풍요한 땀에 侵入하는
쓸쓸한 盞을 마시며

눈발처럼 사라진 톱밥을 헤집으며
무슨 가슴으로 대답하십니까.
찬 이마를 뜨겁게 하시는 손.
오늘은 어느 마을로 가시려 합니까.
아버지.

現場

1

풍금 소리가 들려 왔어요.
찬 이마를 부비며
눈은 내 가슴 속으로 떨어져 내렸어요.
숨 죽여 울며 멀어 가는 세바스챤·바흐.
유릿잔에 넘치는 빰 붉은 장미 냄새를 마시고
램프燈 아래로 희게 젖어들고 싶었어요.
잃어버린 목청은 어디서부터 시작되나요.
맨발로 지워버린 지난 밤의 별을
눈 내리는 벌판에다 마구 뿌려 보고 싶네요.
나무는 나무의 所有만큼 눈을 맞고
지붕은 지붕의 所有만큼 눈을 맞는
살갗 위로
풍금 소리가 들려 왔어요.
요한·세바스챤·바흐.
젊음의 밤 빛깔이 흩날리는
눈발속에 검은 얼굴을 파묻고
그 때 확인한 것은
눈부시게 쌓이는 나의 바다였어요.
이제 가까이 와 들으셔요.
풍금 소리가 차츰 멀어 가네요.

2

푸른 바다에 남는 소금,
쓰러지며 쓰러지며 일어서는 파도.
물결의 살 속에 부서지는 바람.
가슴 풀어 헹구는 잔을 들고
무성한 하늘이 일어서고 있다.

잘 익은 눈물 한 덩이
아름다운 풀 한 포기 되어, 罪가 되어
어둠을 뚫고 오르는
음향이 되어
그대 눈 속에 피는 물결.

바다가 잠을 안 자는 둘레로
滿浦島 霧笛이 구름처럼 파묻히며
희게 남는 소금.

햇살 살아나는 맨살에
쓰러지며 쓰러지며 다시 일어서는
파도.

3
내가 사랑하는 山川의
바람 소리 가운데 가장
티 없이 맑았던 부분들을
잘 이겨서
지천으로 개구리가 우는 밤 이슥히

창호지에 풀어 놓고 바라보면
가슴에 젖은 화살이 수 없이
날아 와 박혔다.
어둠에 바치는 뜨거운 罪가
무엇이 되어 남는가를 선혈 흐르는
손으로 더듬어 쥐고
허공에 얼굴을 묻었을 때
나는 가장 빛나는 기도를 들었다.
드억센 손마디의 어머니가
헤진 마음 자락을 여며 주던
저 한없는 봄날 냄새.
빈 방 가득히 촛불을 켜고
나도 개구리처럼 알몸이 되어
울었다.

4

가랑잎이 밟혔다. 하늘이 찬 손으로 내 눈을 부볐다. 더욱 알몸으로 協力하는 山과 江물. 멀리 피어 오르는 煙氣가 차지하는 空間만큼 나의 안이 비어 갔다. 그것을 애써 채우려 하지 않았다. 무한히 잃어버린 것들이 머리 위에 빛나며 있었다.

5

봄이 와서, 지붕 위의 햇살들이
조용한 눈시울에 모여서
내려앉는 집.
>

수도가의 아내와
빨랫줄 위의 겨울 옷 몇 벌과
발 시리던 신발 속에 쌓여 있는
千萬里 길의 바람이
유리창 밖에서
웃음소리처럼 부서졌다.

고단한 어둠을 씻어 내던
지난밤의 거친 손에
밝은 숨이 쌓인다.
새 순처럼 아기 숨결이 묻는다.
흰 기저귀들이 깃발보다
더 당당하게 자유로운
봄이 와서.

도랑물 울음

도랑물이 흐르며 투덜댄다.
논두렁도 작대기도 허수아비도
음험한 놈들이라고 不平한다.
한 숨 묻은 비료가 부어지고
뼈 빠진
農藥이 뿌려지고
헐벗은 등짐 한나절의 客土
폭양과 장마를 제마다 잘 견뎌 온
도랑물이 이제 함께 모여서
大豊의 들을 떠나며 말한다.
미꾸라지도 메뚜기도 참새도 없는데
논두렁은 왜 버티고 허수아비는
왜 우쭐대는지 모른다고
허물고 주저앉지 못하는 저들의 面貌를 욕한다.
한쪽에선 시퍼런 낫날이 건강한 벼들의
아랫도리를 베어내고 있다.
가득히 쓰러져 눕는 벼들을 바라보며
도랑물이 운다.
안녕히 안녕히 하며 멀어지는
도랑물 울음을 내가 듣고 있다.

한여름의 回歸

산딸기의 가슴들이
깊은 노을 속에 터지고 있다.
얼룩지는 빰을 부비며
먼 바닷벌로 돌아가는 풀 비린내.
이제 긴 여름이다.
마른 쑥대가 타고
수만 개의 모래가 울고 있다.
잃어버린 것들이 모여 서서 이별을 謀議하고
허공을 차지하고 있다.
그리운 호박꽃 몇 송이 피어나는
흙담 가에
허드렛불 타는 들판에
징을 치며, 홀로 징을 치며
네가
헝크러진 개똥불 되어 돌아오고 있다.
보릿단 베어 제끼던 낫날에 하늘 깊어 가고
우리가 먹던 黃土 빛깔은 자꾸 낯설어진다.
힘없는 屈折에
익숙해진 이 저녁의 頭髮을 흔들며
넘실넘실 탁배기에 쓸쓸한 땀을 걸러 마신다.

촌놈

허리 부러진 부지런한 지게 위에
햇살을 한 짐 짊어지고
뻐꾸기 소리 또 한 짐 짊어지고
파란 밀밭 속에 와서 먹는
감자 맛을 너는 모른다.
거칠은 손등으로 뭉갠 구름이
산허리 논배미에 묻히어 가고
질경이 풀 밟으며 오는 노을을
헛간에 바쳐 논 푸정나무 작대기로
후려갈기면
아파라. 개굴개굴 흰 연기야.
저녁 때 저녁 길을 울려 퍼지는
설핏한 밤꽃 비린내가
밥상머리 묻어오는데
오줌발도 시원한 냉수 한 그릇
그 이 빠진 투가리에
달빛을 한 줌 풀어 담고서
부엉이 소리 또 한 줌 풀어 담고서
젊은 보리밭 속에 와 마시는
울음을 너는 정말 모른다.

近視

보이지 않아.
찬 이마에 묻은 빗소리를 닦아내며
거만한 말을 全部 바쳐도
시위를 떠난 맨살은 보이지 않아.
그 가을의 짧은 잠을
찾아서 찾아서 헤매면서
돌아오지 않는 새들이
왜 오래도록
캄캄한 지붕 밑에 살았었는지
정말 알 수가 없어.
황혼의 비누 냄새는
언제나 글썽글썽한 빛깔이었고
냇물을 잠 재우기 위해서
달덩이가 허물어지고
그 축축한 車燈이 지나가고
싸리꽃 가득한 사십 리를 걸었어.
怯많은 몸살이 회복되는
가늘은 안개를 바라보면서
그래도 무엇이 부르는지 보이지 않아.

밀밭

푸른 밀밭에서는
누구나 푸른 밀밭의 가슴을 가질 수 있다.
강물 출렁이는 소릴 담으며
밤 새워 가슴 더운 피리
풀길 쌓이는 만큼의
꽃 피는 미열을 견디고
목쉰 안깐힘만 흔들 것이냐.
전등 불빛 아래서의 모든 말들은
거짓이다.
아무리 피 같은 진실도 거짓으로 놓이고
거짓으로 흐를 뿐이다.
늠름히 참으며 쓰러지는 물결
눈물 투성이의 별빛을 건져 내는 개구리 떼.
등잔 불 아래서의 모든 말들은
진실이다.
정말 아닌 수많은 거짓도
진실로 보이고 진실로 빛난다.
밤은 적당한 어둠을 배경으로 어두어야 한다고
푸른 밀밭이 수런댄다.
등잔불이 되어서 바라보는
강물은 이미 홀로의 흐름이 아니다.
무한히 나누어 가질 수 있는 허용.

푸른 밀밭에서는
누구나 푸른 밀밭의 가슴을
가질 수 있다.

울퉁불퉁에 관하여

울퉁불퉁한 밭머리에 할머니는
고추 모를 심으신다.
울퉁불퉁한 우리들의 대가리에
머리칼이 자라듯
가지런한 고추꽃이 넘치면
팽팽한 낮이슬 물끼가 언덕을 넘는다.
황토 바른 초가 문살에
고춧잎 냄새 배어 비치고
조그맣게 차지하는 발자국에
햇살 들락대는 힘.
편편한 큰 밭의 응결과는 다르다고
붉은 고추 화끈화끈 뻘뻘 매운 맛을
이미 다 알고 계시는 할머니는
우리들을 데리고
밭머리에 가지런한 고추대궁을 둘러보신다.
그러면 울퉁불퉁한 우리들의 마음도
주렁주렁한 붉은 고추처럼 넉넉하고 단호해진다.

감꽃 安否

- 權 五云에게

새벽 강물은 새벽 물빛을 가지고 있다.
우리가 견디는 떫고 찝찔한 하루를
발버둥과 아우성이라고 여기지 말자.
감꽃이 풀밭에 떨어진다.
많은 胸襟들이 交替되고
마른 땅의 비린내가 비틀대고
낯익은 것들이 자꾸 낯설어지는 건
나이 탓이 아니겠느냐.
못생긴 개새끼도 울타리 가에 숨지 않았다.
기계 소리가 은근히 장악해 오는 것을
무슨 마음으로 무시하는지.
그러한 無事함마다 목이 말랐다.
萬 갈래의 적막이 논 귀퉁이에 부어진다.
네 雨傘속에서 함께 젖든 것은
빗줄기가 아니었다.
한 말씩 한 말씩 쌀이 팔린다.
살아 있는限 만나야겠다.
遠視眼의 눈물이 누구의 黃土뺨에 젖는지
활개를 펴고 누워 봐도 차지하지 못하는 것
피하지 말아야 한다.
우리가 잠시 머무는 대답도
이 고단한 잔등에 떨어져 묻힐지 모른다.
무거운 貨物되어 어둠들이 실려가고

키 작은 내 肉身이 힘 좋게 남는 자리
떼 감꽃이 지며 새벽 강물이
깊어 가고 있다.

낫 한 자루로

낫 한 자루로 베어 낸
萬 단의 벼에
萬 방울의 피
萬 근의 살이 묻어나고
낫 한 자루로 베어 낸
萬 代의 家門에
萬 山의 골짝
萬 채의 집이 허물어지고
낫 한 자루로 베어 낸
萬 가마니의 햇살에
萬 타래의 바람
萬 盞의 술이 부어지고
낫 한 자루로 베어 낸
萬 밤의 별빛 아래
萬 송이의 꽃
萬 마리의 개들이 헤메고
낫 한 자루로 베어 낸
萬 짐의 흙에
萬 가닥의 뿌리
萬 마디의 거짓이 덮임을
어찌하리.
이 빠진 낫 한 자루로 베어 낸
萬 단의 벼여.

숨박꼭질

외양간에 싸락눈이 들이친다.
成功한 누님이 돌아왔다.
쇠죽 냄새가 처마 밑을 채우는 이 저녁에
겨울날 일이 걱정이다.
부엌 뒤에 매달린 시래기 갓이
쓰라린 술잔처럼 떨리고 있다.
숨는 일은 어려웠다.
아무리 꼭꼭 숨어도 머리칼이 보였다.
아주머니가 기르는 콩나물시루 속에 숨어도
헛배 부른 물두멍 안에 숨어도
돼지털 같은 머리카락 몇 올이 보인다.
그 虛事로운 새김질의 며칠이 간 뒤
下弦달처럼 마른 짚단에 주저앉아 울었다.
보여도 찾아지지 않는 머릿칼을
다시 찾으면서
언제나 失敗만 하는 農地를 갈기 위하여
成功한 누님은 암소같이 팔리다 돌아왔다.
산중을 헤매던 싸락눈이 반가이 따라와
뜨락에 자빠진다.
傾斜진 등잔이 희미하게 켜지고 있다.

보리 타작

도리깨로 바숴대는 것은
뻐꾸기 소리만은 아니었네.
한 뙈기의 보릿단을 패 재끼며
家出한 딸년의 얼굴을 두드려 뭉개며
부르튼 손바닥에 떨어지는 햇살을
퉤퉤 침 뱉아 부비고
기운 센 된장만큼이나
힘껏 휘두르면 마당 구석에
떨어져 우는 보리알아.
보릿댓짚을 빠져 나오는 보리알아.
모두 빠져 나오라고
하늘까지 휘둘러 후려 패지만
작은 마당에 쌓이는 건
탱자울에 얹힌 배고픈 뻐꾸기 소리
뿐인 것을.
빈 꺼끄러기에 튕겨지는 눈물은
앞산의 新綠 때문만은 아니었네.
막막한 들판을 내지르며
떠나가고 싶지만
발등에 채이는 열 섬의 꾼 보리가
와르르 와르르 덤벼드네.

맨발

친구야.
촛불을 켜고 맨발을 쓰러안고
눈 내리는 소릴 들었다.
산에서는 산의 그리움이
한사코 무너져 내리고
世上은 한 아름의 치자빛 샹송.
적막한 떠남으로 깊어 가는
우리 無名의 싸움은
어디로 가 닿을까.
온 겨우내 빈 하늘을 떠돌아 다니는
종소리가 이 저녁
우리 방문 앞에 와서 쓰러진다.
친구야.
맨발로 가자.
버리고 내던진 노래들의 아픔을
짓밟고 잃어버리며 잃어버리며 맨발로 가자.

痕迹

밀밭 길을 들어서는데
바람이 이랑을 막 벗어나고 있었다.
맑은 밀밭의 물결 위에
떠오르는 몇 마리의 새.

앞선 바람의 자취와
새들의 소리가
내가 남기는 발자국 속에 들어 와
다시 하나로 지워지는 길.
강물이 흐르고 있었다.
밀 이삭이 익어가고 있었다.
밀 이삭을 받쳐 든 밀대궁들이
조금 쓸쓸해 보였다.

키 큰 밀밭을 벗어나면서
무심코 돌아다 보는데
바람이 밀밭으로 들어서는 중이었고
하늘에서 몇 마리의 새들이
내려앉고 있었다.

로씨난테가 하는 말

지친 걸음으로 달려 왔지만 늘 빈터만 만났다.
그래도 절름거리지 않은 마을에
길고 깊은 불빛이 섞이고 있었다.
눈물겨운 일은 어디에도 있다.
가령 비 속에서 비를 당하지 못하고 비에게 당하는 것,
욕해도 욕해도 자꾸 돌아오는 밀물 같은 것…….
손해보는 맘처럼 맑은 것은 없다.
지금 몇 만의 빗줄기가 떠나갔느냐.
매지 않은 논의 외로움.
맨 논의 슬픔.
우리 所有의 一部分이었던
그 一部分도 차지하지 못하고
힘없는 방울만 쩔렁댄다.
무엇이 改良되고 있는지
지나온 地平이나, 팽팽한 圓 부근이나
아아 잊은 뒤의 막막함을 아는지.
오늘 나는 여러분 곁에 있게 되었다.
永遠한 未成年으로 머물 것이다.

*로씨난테……동키호테의 당나귀

봄 밤

우리 고향 元亭里 진달래는
우렁산의 우렁우렁한 음향이 스며 있고
豆溪川의 물결 소리가 배어 있다.
아버지의 지게가 유난히 밋밋하던 그해 봄
할머니의 두견주 빚는 솜씨를 흠모하던 어머니는
진달래 꽃잎을 따다 아기를 낳으셨다.
부엉이가 울고 아랫목 꽃 繡가 오돗한 밤
달빛 가득한 지붕 너머
청솔가지 그림자가 사랑채 창호지 문을 때리면
할아버지는 마치 대추나무 같은
정정한 기침을 하시며
언덕 아래 밀밭의 키 크는 꿈을 꾸신다.

무엇이 머무는가를

밀짚불이 타고 있어요.
지붕들이 따뜻하게 살아 있어요.
삼십 리 장터의 술이 취하여
돌아오는 얼굴에 눈이 내려요.
한 가닥 물이 되어
한 몫의 눈물을 알고
잃은 이의 잠 속에
끝없이 흘러들고 싶어요.
차단기가 내려진 신작로 너머
貨物車가 지나가고 있어요.
저무는 길을 따라
마을에는 겨울을 견디는 새들이
반가와 해요.
집집마다 사랑하는 등불들이 켜지고
냇물은 잠 안 자고 출렁거리고
댓돌 위에 닳아빠진 신발들 속에
무엇이 떠나고 머무는가를
가보면 알 수 있어요.
외칸 흙방에 앉아
지난 빚진 일들을 갚고
큼직큼직한 눈송이로 설레어 보면
세상 일이 다 별것 아님을 알 수 있어요.

소금을 지고

소금 속에 침몰의 빛이 살아 오른다.
獲得의 끈끈한 어깨 위로
밤이 파묻히고 있다.
바다 위를 떠다니던 고단한 그 눈발의
熱氣를 타고 山脈들이 나부끼고 있다.

검은 얼굴을 적시면
지극히 흰
拒否의 손짓으로
처음 달빛을 캐내던 地圖 위에
비탈길 마른 풀들이 눈을 풀며
아직도 지붕들은 잠이 들지 않는다.
지나간 燈불의 衝動뒤에
진정 피어오르는 것은 무엇인가.

차거운 등짐으로 찾아 헐덕이는
불타는 到達을 끝내고
우리들은 本質을 탐내며 일어섰다.
千길 無心 속에 빠져 있는
네 罪를 돌려주고
우리들은 時間의 살속을
頑强히 장악해 갔다.

>

江은 山頂을 向하여 흘러가고
山은 江 물위에 무수히 떨어져 내리는
활달한 아우성을
그 압도적인 生涯를 우리들은
자꾸 占領해 갔다.

눈 속의 바다行

1

잠이 깹니다.

나의 가슴을 문대는 青銅의 물결 속에 빈 木船이 흔들리고, 뭉클뭉클한 하늘이 잠기고 흰 눈이 찾아옵니다.

톱니를 빠져 나온 바람과 내 肉体를 빠져 나온 空氣들이 混合되어 들끓는 所聞이 됩니다.

숲을 밟고 오는 어둠의 끝에도 永遠은 살아서 괴고 魂들은 건강한 能力을 빛내며 있습니다.

천길 가슴 속에서 뽑아 든 音程의 무게 때문에 나의 귀와 발은 水河 위의 무수한 불빛이 되고 저녁 문풍지를 따뜻이 부풀게 합니다.

2

모든 時間안에 묻어 있는 나의 피를 털면서 풀려나는 빛깔과 아내가 헹구는 빨래의 깨끗함이 함께 와 닿는 視野에 가장 진한 燈불이 일어서고 있습니다.

그것들은 모두 거칠은 살등으로 뭉개버린 眞紅의 땀방울이 되어, 어둠을 캐어 내는 나의 눈빛이 되어 끈끈한 아픔을 자꾸 걷어 올립니다.

잃어버린 것의 향기로 차오릅니다.

3

고단한 잠을 떠나보내고 으스러진 꿈의 끝을 보고 있으면 짙은 안개의 한 자락이 오래도록 나를 휘감아 꽃이 되기를 소망합니다.

우리 모든 領域을 스쳐간 눈발이 신비한 光彩로 스며나며 山이 품었던 소리와 江이 쓰러뜨렸던 노을이 잔등을 덮습니다. 불티가 되어, 눈물이 되어 비집고 들어오는 것은 음향을 남기면서 나의 木船은 온갖 것의 祈禱가 되어 地上을 떠납니다.

이따금 虛空에 꽃 이파리가 빛나기도 합니다.

四月

맨발을 탓하지 않았네.
젖은 燈불은 빗속에서 출렁이고
멀고 먼 곳의 봄날 때문에
微熱 가득한 언덕을 달려가며 찾았네.
잃어버린 것은 아무것도 없는데
귓등을 세우고 밤바다 파도 소리를 좇아
밀어가는 뱃머리 같이
불현듯 잠든 무덤들을 흔들어 깨우고 싶었네.
그것들을 깨워 떠들고 싶었네.
살아 있는 술을 잡아 마시고
하나의 길이 다른 길과 섞이는
그 사이에서
한 줄기의 煙氣가 다른 바람 속에 무너지는
그 언저리에서 우리는 눈이 내워
엉뚱한 복사꽃 나무만 흔들었네.
일제히 수런대는 꽃잎들을 얼굴로 털어 보는 일.
떨어져 쌓이는 하얀 숨결을 차지하는 일.
비린내가 되어, 부끄러운 비린내가 되어
맨살에 스며드는 힘을 보면서
못견딘 울음을 컹컹 쏟았네.
가슴 속에 기를 쓰고 일어서는 빗줄기를
거느리고 멀어져 가는

눈부신 손짓을 탓하지 않았네.
아무도 탓할 수 없었네.

우리는 눈이 '내워' - '매워'의 오타로 추론.

愁心歌

빈 들에 눈이 내리면 우리는 알 수 있지.
버리고 싶은 몇 밤의 꿈과
산을 내려가는 산울림의 울음을.
허다한 몸짓으로 떨어지던 가을
헐벗은 잠을 털어내지 못하고
숨죽여 숨쉬던 풀꽃을 짓밟지 못하고
슬프디 슬픈 음주에 취하여
흔들리던 어깨에
눈발이 내려 쌓일 때
우리는 수없이 흘러가는 것들의 까닭을 알 수 있지.

흐르는 것은 안개뿐만이 아니었네.
출렁이는 바다 위의 햇살
그믐밤을 횡단하는 별
살등을 비집고 나온 땀
아아 나를 흔드는 저 깃발
젖어 있는 작별의 손
끝의 끝을 캐내기 위하여
이것들의 고단한 육체를 부등켜안고
우리는 쉴 새 없이 나부꼈네.

붉은 황혼 아래 서서 땀을 걷고
건방진 기침을 믿을 때

그 배경 위로 흩어지던 百○의 감자꽃.
虛氣 속을 오르는 萬劫
종소리 아득히 흔들며
빈약한 수확을 거둬들이는 들판에
마을은 저물고
일찌기 가야 할 곳으로 풀벌레들이 떠나고 있었네.

저녁 휘파람이 낡은 외투 깃에 매달리네.
煩惱의 흔적 위에 무심한 눈이 쌓이고
조금씩 허물어져 가는 빈손의 짐과 같이
전 생애의 거짓들이 잘 이겨지고 있네.

감춰진 것들이 드러나는 눈 쌓인 거기
너는 때없이 빛나는 달이 되고 싶다고 말하네.
밤 늦도록 뒤채는 강물이 되고 싶다고 말하네.
그러나 빈 들에 어둠 내리면
우리는 더 잘 알 수 있지.
질긴 아픔의 올을 풀어
더 많은 面貌를 짜낼 수 있음을 알지.
그리하여 더 외로운 者의 상처를 싸안을 수 있음을 알지.

짜겁고 짜거운 소금이 되어

모두가 젖어 있는 海邊에
뜨겁고 뜨거운 모래가 되어 남고 싶다.
언제나 알몸으로 시작하는
파도의 가슴을 펴내면서
무슨 發端으로 우리는 아파하는가.
여름 휘파람 날리는
저문 갈내밭에 서서
잃어버린 野蠻을 가득히 들려주며
碇泊을 끝내는 뱃머리여.
푸르고 푸른 시간을 남김없이
부등켜안고
헛되이 떠나보낸 비애까지 물들이면서
거대한 물결의 自由 앞에
오늘 나는 어떤 눈물을
이 깨끗한 뺨에 매달 것이냐.
길이 파묻힌 虛空 끝에
눈부신 날이 보이고
一泊의 지붕 아래 不眠이 허물어지고
지금 흰 밀물이 차지하는 海岸에
짜겁고 짜거운 소금이 되어 사라졌으면 한다.
그리하여 모든 발자국의 無心속으로
깊이 깊이 살아나고 싶다.

處方

저 입 좀 봐.
그래 그렇게 해.
화가 나서 그런걸.
풀밭에 아이들이 오지 않아
풀꽃은 숨어서 피고
집이 헐리고
술 취한 아버지의 이마에
妥協하는 어둠같이
항상 파랑색 그림만 그리는
누이는 앞치마로 햇살을 펴서
아버지의 땀을 닦네.
火災처럼 巨大한
侵害 속에서
저 입 좀 봐.
갈밭을 쓸고 있는 것은 갈꽃이 아니라
찬란한 끝남인 것을.
그래 그렇게 해.
알몸도 허물고 모두 허물고
비린내 나는
뜨거운 病만 앓면 되는걸.

저녁때 냉수

남은 황혼을 징 소리로 퍼내리.
풀꽃이 피는 마을의
저녁 냄새가 되리.
모깃불 煙氣 머리칼에 밀리는
바람을 마시리.
논 귀마다 들판마다
시천으로 날으는 개농물아.
알몸의 땡감은 알몸으로 여물고
무더운 일은 푸른 냇물로 씻고
사랑하는 山川에 넘치는
팽팽한 이슬방울아.
대추나무 아래 호박 넝쿨 위에
별아, 별아.
하루 낮 땀을 올올이 풀어
풍년을 담는 가득한
냉수 사발아.
오늘 나는 늦은 저녁 마을의
두런거림이 되리.
그 무한한 설렘이 되리.

南海에 와서

달이 떴었지
酷寒에 시달리는 물결의
늠름한 어깨 위에서
아름다운 戰爭이었던가, 불길이었던가
무수한 까닭이 되어 떨어지는
强한 勞動을 보았지.
야망을 흔들며
피워 올리는
바람 속의 微熱.
맨살로 춤을 추는 뱃머리의
그 들끓는 음성 사이에서
나는 땀을 캐고 싶었지.

잊힌 目的을 불 붙여 들고
豫備한 일 없는 千萬里 밖의 視野가
모두 바라보이는
나의 허약한 체온을 누가 收穫할 것인가.
떠나고 또 돌아오는 곳에서
지금 밤이 깨어나서 일제히 휘날리는 몸짓 속에서
잠 안 자는 바다에게

깊고 깊은 나의 말을 다 바쳤지.
사랑보다 많은 별을 다 바쳤지.

千年의 아침

눈이 내리네요.
清新한 아침의 새들이 날아오르는
하늘 깊숙히
千年의 대숲이 보이고, 이 나라의
山川이 떠오르고
韓半島의 호랑이가 울고
맑은 산울림이 되어
우리 가슴을 흔드는 흰눈이 내리네요.
너무도 많이 만났던 지난 어둠을 털면서
너무도 많이 잃어버렸던 허전한 손을 펴면서
검은 구름이 있던 자리마다.
가장 多感한 분위기로
창문들이 빛나며 열리네요.
보십시오.
한 바다의 진한 물결과 같은
이 新年의 希望들이
튼튼한 野望들이
눈발 속에 섞어지는 아름다운 混合을.
한 페이지의 國史 속에서
하루의 땀 가운데서
한 끼의 식탁 앞에서
빰 붉은 진실을 문지르며 자라 오른
노래를 부르기 위하여

우리들의 얼굴은 어디에서도
끝끝내 우리들의 얼굴이지요.
내리는 눈은 數萬의 살아 있는 음향이 되어
추운 땅 위의 모든 房마다
따뜻한 燈불을 밝히는데
이제 신발을 털고 山이 걸어오는 소리를 들어 볼까요.
가장 確實한 길을 찾아서
가장 정직한 모습으로
채워지는 사랑을 볼까요.
제일 깨끗한 빛깔로 시작하는 이 아침이
제일 깨끗한 빛깔로 마감하는 저녁이 될 수 있도록
늠름한 박수를 해주어요.
눈발들까지 山川들까지 신명이 나게
속 후련한 갈채를 보내 줘요.
모든 量의 보이지 않는 꿈을 부르고
이제 싸늘한 시선들을 풀고
우리의 하늘을 같이 닦아요.
淸新한 아침의 새들이
날아오르는 銀빛 지붕이 보이고
新生의 꽃대궁이 간직한
은밀한 가슴을 웃어 주어요.
언제나 건강한 熱로 솟아올라서
조용히 쌓이는 눈의 기쁨이 되어
千年 모든 날의 빛이 되어요.

破裂

그냥 버릴 수 있을까요.
발등에 쌓이는 삯 말의 숨결을
돌팔매로 때리면 흰 물방울
함부로 내던진 봄 허공에
보리밭 푸른 목소리를.
이슬 내리는 밤에 빈 잔을 채우며
滿醉한 얼굴에도
살구꽃은 깔리고
뉘우칠 것을 모두 뉘우쳐도
허전하게 남는 이 비린내를
그냥 잊을 수 있을까요.
안개를 허물고 내려가면
산허리마다 푸른 풀이 모여 서서 수런대고
잠을 깨고, 어둠을 깨고, 알 전등을 깨도
조각들은 산산히 내 살속에 스며 오는
이 봄날을 무얼로 그냥 팽개칠 수 있을까요.

샘물

가령 햇빛과 땅 사이에서 만나는
무수한 인연이라든지
가을과 떠남들이 우리를 쓰라리게 하는
行路를 짓밟는다든지 하는 것들이
이 샘물에 무엇을 채울 것인가.
소리없이 흔들리는 나뭇잎.
마른 손의 기도.
날마다 새롭게 날이 서는 잠을 자면서
퍼내고 퍼내도 또 괴는 아픔을
마셔 본 사람은 잘 안다고 말했다.
밤은 헛되고
그 헛된 어둠을 별로 채우며
차오르면 넘칠 것이다.
퍼내면 퍼낸 만큼의 힘으로
더 깨끗한 살로 넘칠 수 있다고
하늘 빛 풀꽃을 따서 던졌다.
그러나 누가 알까.
물 묻은 달도 건져지지 않는데
아주 밑바닥에 있는
눈부신 가슴을 건져낼 순 없는 일임을.
샘물이 되어서
한 아름 마른 목을 적시는 노래로 남아서

햇빛과 땅 속으로 가득히 흘러 들어서
비로소 생명을 아는 샘물.

速度

철교 위로 急行列車가 지나가고 있었읍니다.
그 아래 서두르지 않는 江물의 餘裕를 보았읍니다.
투명한 햇살 속에서
우리들은 갈 길이 멀었읍니다.
한결같은 速度로 물결은 흐르고
철교 위로 緩行車가 지나고
超特急行車도 달려가지만.
물살은 빠르거나 느리지 않았읍니다.
그러나
到達의 곳에 언제나
먼저 와 있는 햇살과 강물.
우리들은 서두르고 떠들고 바쁘지만
다리 아래 강물은 꿈쩍도 없이
조용히 흐르고 있었읍니다.

진달래는 피어서

실안개 날으는 산등성이에
목이 쉰 진달래가 피어 있었지.
꽃잎마다 서럽게 묻어 있는 두견새
울음.
진홍으로 가슴에 물이 드는 향기를
치맛자락 가득히 누이의 배고픈
손등으로 캐내며
빈 하늘 젖어 있는 진달래를 보았지.
철 지난 옷자락에 맺힌 한숨이
올올이 풀려나와 남긴 자취에
혼곤한 잠이 들어서, 길이 트여서
축축히 웃는 눈가에
먼 강물 소리가 밀리는 것을
여린 등불을 켜 달고 글썽이며
글썽이며
반가운 소식처럼 한사코 매달리는
아픈 진달래가 피어 있었지.

우리들의 命令

어둠에서 뿜는 頑强한 빛이
내 머리칼을 흔든다.
반가운 잎새들을 휘젓다가 먼 山頂으로 떠나고
나는 勞動의 虛事를 압도하고
뼈가 아픈 記念日의 復活을 마시고
쩌렁 쩌렁하게 醉해서
마침내 프로스트의 말을 타고 달린다.
겨울이 지나고, 잠 안 자는 밤바다에 다다라
내 얼굴에서 떨어지는 蒼茫함이여.
귀청에 쌓이는 그 많은 음향이
輕快한 꽃을 피우는 지붕 아래서
내가 나의 기름을 붓고 불을 당긴다.
살이 닿아 젖는 燈불을 켠다.
타오르는 영원 속에 가슴을 묻고
찾는 者의 아픈 손에
씻겨 흐르는 갈채,
거대한 野望을 형성했던
투명한 罪와 보이잖는 진실이
희게 소멸한다.
무너지는 파도가 땀에 젖는다.
探索의 이빨을 깨물고
새벽의 줄기마다 잘 된 建築의
유리들이 깨지고

깨진 유리끝에 얼굴을 묻고
나는 선연히 피어나는 꽃.
그 때,
다시 겨울 흰 눈발 속으로
나의 수레바퀴는
붉은 핏방울의 별들을 남기며
내달린다.

겨울

마당 가득한 흰 눈을 쓸면서
허전해하고 있는 아내 곁에
햇살 한 줌이 내려와 풍요롭게 한다.
房貰와 煉炭값이 모자란 하루가
헤진 손마디에 묻어나는
밥상머리에 앉아
새끼에게 젖을 물리는 아내의
얼굴에서 잎새가 떨어지고 木花 냄새가 난다.
고무신 한 켤레로 추운 一年을 걷고
아이가 앓는 밤은 촛불이 되어
나의 언짢은 기도 속에
조용한 강물이 흐르게 하던 것을.
食口들의 그늘을 닦기 위하여
콩나물 이십 원어치를 떼쓰는 일들이
술 취한 늦은 歸家의 내 어지러움을 잠 재우고
아랫목을 淸純히 하고.
진남포 사람 富者집 딸인 아내는
미움스런 시집을 와서
밤새 내린 흰눈을 쓸며
純白한 마음을
아이들과 함께 웃어
우리를 자유롭게 한다.

탱자꽃 얼굴

탱자꽃뿐이었다.
우물로 가는 숲길에
언제나 잘 어울리던 쬐그만 아이야.
보리밭 위 흐르는 바람처럼
내 잔등 너머 가득한 너의 휘파람.
푸른 한낮을 무심히
머릿칼만 나부끼나가
핑그르르 도는 눈물 속엔
온통 하늘 빛 냄새뿐이었다.
먼 풍금 소리를 배경으로
바라본 산마루에
한 줄기 목마른 아지랭이
아지랭이 같은
꼭 요만한 마음을 잃어버린 날
만나는 구름마다
지난 밤 못 든 잠을 조금씩 나누어 주고
울타리 밖으로 내달려 가면
탱자꽃 얼굴에 가득히 젖는
개구리 울음뿐이었다.

한 마디의 말

맑은 이마를 들어
세계에 화안히 떠가는
꽃잎들의 快感,
그 音響들이
가로 세로 난자질하며
옷 섶에 부딪는 철에
창경원의 木馬를 타고
자꾸 놀라는 새로운 住所에서
우리가 남기는 한 마디의 말은
홀로 띄워지는 꽃잎들이 되다가.
경사진 곳에서
가장 아름다운 슬픔의 색채로 놓여
실상 끝없이 虛虛로운
巡禮이겠지.
거기서
다시 飛翔하여
거울 속에 닿는 놀라운 마음을
참 이맘때쯤엔 무엇이라 부를까.
차곡히 접혀진 파라솔 속에
여름이 돌아왔을 때,
늘 조용히 時間을 견디는 물결,
그래서 또 헤어지는 조그만
膨脹과 함께

온순한 빛남을 주고 싶다.
우리들의 머리칼 사이에
발 끝에.
호사스런 가난함을
언제나 새로운 피부로 받으며
끝남없는 사랑과 마찬가지인
나의 철드는 時節
정직한 所有를 가지고
손을 씻으며 나는 주고 싶다.
저 어둠 속을 치날리는
引力을.
맑은 무게로 하늘이 내리고,
비로소 눈 뜨는 뉘우침처럼
착하게 남은 날을 위하여
어둠에 나는 너의 부끄러운
한 마디 말이 된다.

가을 기차를 타고

모르는 아이가 손을 흔든다.
어릴 적 마을이 코스모스 꽃잎에 묻혀
차창에 밀려든다.
가을 기차 소리가 멀어져 가는
그 끝마다 파란 하늘이 뚝뚝 떨어진다.
산꼭대기로 흘러가는 강물
강 속으로 솟아오르는 산
그러한 눈을 가진 누이의
참 슬픔이 노을이 되어 무너진다.
가을 기차를 타고 나도 찬 손을 흔들면
가슴 안으로
갈꽃처럼 구름처럼
희게 희게 무너지는 별이 보인다.
세상에서 가장 깨끗한 눈물이 보인다.

露宿

맑은 날 온 하루 잔치를 너는 아느냐.
산 아래 마을의
산빛 묻은 살구 꽃 그늘
강기슭 지붕 너머 강물 스민
복사꽃 십리.
허무는 陰曆의 보름 살 속에
시는 꽃잎 얼굴로 가는 먼 길을.
그 사이 아무렇게나 뿌린 이슬도
아무렇게나 거두는 발자국이
아닌 것임을
지금쯤 빈 마당에 징소리 같은 햇살만 남아
또 어느 설핏한 하늘 자락
기다림을 너는 아느냐.

侵入을 위하여

우리들은 모두 안개 속으로 들어갔지.
안개를 벗어나려 애쓰는 갈꽃과
축축한 옷자락에 묻어나는
허공을 밟으며 갔지.
부끄러운 아버지의 신발 옆에
한사코 앞장서던 아가의 맨발이
신선한 꽃잎으로 떠오르고 있었지.
지난 밤 어지럽던 꿈과
까칠한 수염으로 문질러 대던 얼굴이
그냥 장다리꽃 대궁으로 울고 있었지.
지워지지 않는 聖歌를
메마른 입술로 털어내며
우리 十萬坪 日沒의 땅에
희미한 낮달같이
底音의 鍵盤으로 덮이고 있었지.
서투른 投網아래 피어 준
한 그루 薔薇 앞에서
마음죄던 일들이 한없이 맑게
웃고 있었지.
銀의 끝없는 물결 위를 떠돌며
흩날리는 잎새들이
가득한 마음으로 가 닿는 곳

붉은 황혼이 더욱 당당하게
우리의 無心 속을
비집고 들어옴을 바라보았지.

둘레

어둠의 처음과 끝을 우리가 알 수 없듯이
밝음의 最初와 最後를 알지 못한다.
처음의 그 무한한 둘레와
最後의 이 작은 중심이
남기는 關係 사이에서
慘酷함을 만나고, 어지러움을 만나고
罪와 만난다.
山 속으로 내리는 이슬과
江물 밖으로 솟아나는 햇빛을 섞어
비척이는 時間 위에
구름을 칠하고 數萬의 協商을 지운다.
웃음을 잠 재우고 사랑을 깨우며
젖은 하루와 헤어진다.
항시 새로움으로 솟는 땀과
언제나 아픔으로 흐르는 피를 섞어 꽃을 피우고
살갗을 문지르며,
진정한 발걸음 소리를 남기며
아낌없이 주었던 저 우리들의 所有를 모르듯이
모든 처음의 最後와 단 한 끝의 最初를
알지 못한다.

九月

맑은 목소리가 들판을 달려가고 있읍니다.
여름 밤 냇가에 가득했던 별들이
먼 山頂으로 빛나 오르는
偉大한 移動이 있읍니다.
짜겁고 苦惱로왔던 땀방울로부터
건강한 살빛이 붐비는 바람,
온 宇宙가 가슴싸시 삼기는
향기로운 물결이 있읍니다.
이른 아침,
잃어버린 것들의 魂이 돌아오는
깨끗한 지붕 아래
깊고 차가운 물속같이
번지는 뉘우침.
작은 樂器를 튕기며 그 때 우리는
들판을 달려간 목소리의 끝에
가득히 젖는
이 나라의 가을을 볼 것입니다.

靑陽에 가면

해마다 人口가 줄어드는 靑陽
그래서 날마다 넓어지는 그 곳
산등성에 가면
우리들의 어릴 때 親했던 바람을
만날 수 있다.
달려와 부르는 맑은 얼굴에
하늘이 보이고 구름이 피어나고
저 찰랑찰랑한 물소리도 머물면
무엇이 정말 가득 차 있는가를
알 수 있다.
해마다 人口가 불어나는 都會의
자취없는 바람을 찾아
풀이 죽어 익숙해진
이 밀착된 街路에 서서
보이지 않는 아지랭이 잃어버린 野菜밭을
누가 기다리는가.
해마다 人口가 줄어드는 靑陽
그래서 날마다 넓어가는 그 곳
산 등성에 가면
都市를 버린 그것들이
마음 놓고 우리를 無視하고 있음을
볼 수 있다.

元亭里

봄밤에 뒤척이는 마늘밭의 지푸라기와
봄밤처럼 젊은 아비의 가슴은 지치지 않는다.
팔린 할아버지의 萬坪 논에서
개구리는 울고
아카시아 피어오르는 지붕 아래
정든 된장들이 끓는다.
아름납게 머눌기 위해
멀어지는 물 소리와 같이
우리도 헛되이 흔들지 않는다.
시들은 풀잎의 이슬도 헛되이 깨뜰 수 없다.
꽃잎 놓이는 자리마다
따뜻이 넘치는 어머니의 눈물.
그것처럼 한없는 날의
봄이 가고 있다.

防牌를 내리고

1
새벽이면 먼 山이 내게로 온다.
넓은 가슴을 펴며
저 無差別의 햇살 아래서
철늦은 사랑은 勸誘하였다.
이슬 내리는 머리칼을 풀고
善良한 부피로 넘쳐 날 것을
힘이 오르는 뿌리로
하늘과 바람 사이에서
물결처럼 치솟을 것을.
진한 몇 방울의 混沌이 뒤섞인
뉘우침을 마시며
빛나는 땀,
이마에 부딪는 햇살을 찾아들고
비척이는 황혼에 서면 頑强한 여름이 흐른다.

2
항시 기다리는 목소리가 있다.
鮮明한 골짜기에서
나의 길고 깊은 暗黑을 파내며
산봉우리마다 그리운 꽃대궁을 마구 흔든다.
그 無限을 핥아 넘기던
젖은 소식을 떠나보낸 후

자욱히 나부끼는 放從의 손을 들어
바람 속에 파묻힌다.

3
젖은 산 빛, 흐느끼는 풀꽃.
피가 흐르는 불이 몸 속에 피어난다.
쿵쿵 가슴을 치며 지나가는 산울림의 뒷자락에 남겨지는 길
그 아픈 얼굴과
스스로 허무는 나의 變貌 안에서
다시 살아 오르는 진눈깨비를
휘저으며 나는
따뜻한 順從으로
네 앞에
防牌를 내리고 있었다.

들찔레

뒤돌아보면 잃어버린 것들의 음향으로 가득히 가득히
한 오라기 머리칼에 감기는 황혼이 오고
글썽이며 버린 휘파람 끝에
하늘 자락 파문히던 목아픈 사십 리가 안 보여
문득 家出한 누이의
흰 신발 한 켤레.

길들임

억새 풀 비린 쓰라림에 익숙해지는데
삼십 년이 넘어 걸렸다.
한 덩이 수박을 깨부수는데
일초가 조금 걸렸다.
무엇이 더 오랜 터득인지
알 수 없음. 알 수 없음.
천날 굽이를 흘러
스므 길 강이 깊어 가며
머리칼도 날리는 것이고
옷자락도 날리는 것이고
財産도 날리는 것이고
날리면서 날리면서 그렇게 시간은
걸리는 것이라고
여름 불볕에 푸르러 가는
옥수수들이 수런댄다.
모래밭을 스치는 물거품이 쑤얼댄다.
불현듯 내 약한 방파제를 넘어 오는
산 그림자,
우리나라에서 만 번째로 높은
이 산 그림자가 허물어지는 저녁답
쓰라림이 덧나지 않기 위하여
또 다른 헛구역질에 길들여지는

오늘밤엔 할아버지의 최후처럼
개똥불도 더 많이 날을 것이다.

8장. 『차령(車嶺)』(1978) 창간호에 수록된 시조

雪印

하얀 눈숲으로 마음은 궁글어 내리고
흰 자락 옷깃 인에 감춰진 빈 육신이
참말로 홀로여서 그 설렘은 촛불보다 깊었네라.

아득하게 너는 가고 눈발은 다시 오고
끝없이 잦아드는 세월을 밟으면서
흔적은 알 수 없이 이 아픔은 어둠보다 진했네라.

煙氣 속에서

쓰라린 맘을 털어
더 멀리 바라보면

우리가 가누는 시름
하찮은 물결인가.

돌 팔매
수없는 날을
섭섭ㅎ다 하지 말자.

감싸던 설움의 한 끝
광목처럼 내다 널고

부시게 바래진 날
진하게 먹을 찍어

그윽히 머물 곳 찾아
흰 노래로 넘쳐 갈까.

한 점 부끄런 자국마다
피를 적셔 피운 꽃잎

오늘을 길어 붓고

하늘을 퍼 담아서

반가운
눈물로 펼쳐
목숨되어 날리라.

길

사십리 小學校 길
소리갯재 넘다 말고

보리밥 보리밭에서 먹고
진달래 빼꾸기랑 놀았네.

할머니
기다리시던 사립문
낮달이 떠 있었네.

9장. 시집 『푸른 것이 더 푸른 날』(1993)의 시

<1부 자화상>

권 유

1

새벽이면 먼 산이 내게로 온다.
넓은 면적의 생활이 갈앉은 깃발을 펴며
저 무차별의 햇살 아래서
철늦은 사랑은 선명하였다.
밀집한 지난 밤의 별이 머리칼을 풀고
선량한 가슴으로 넘쳐날 것을,
여름과 활력 사이에서 조용히 힘이 오르는 뿌리로
산맥처럼 치달릴 것을,
진한 몇 방울의 혼돈이 뒤섞인
뉘우침을 마시며
빛나는 눈물.
이마에 흔들리는 목적을 찾아들고
비척이는 황홀에 서면
완강한 여름이 흐른다.

2

산악 속에는 항시 기다리는 목소리가 있다.
달빛 위에 바람이 인다.
가슴의 물결소리와
나뭇가지 끝으로 이우는 밤새의 울음.
그리고 저 들끓는 강의 무한
나의 암흑 속으로 그것들은 전부
꽃잎이 되어 피어난다.
물들어가는 한 봄의 아픔도 어느
산줄기의 빛깔 아래 파묻혀 있을 것이다.
깊은 별, 소년소녀들의 얼굴이 마치
커다란 광선처럼 사무쳐서
나의 절망을 무시하고 있었다.
죽음을 이기기 위하여
아직도 얼마나 많은 말이 나는 필요한가.

가을

가을이 떨어진다. 언제나 낯익은 골목어귀의 나뭇가지 위에 사랑 같기도 하고 동화 같기도 한 하늘이 뭉턱 걸려 있는 그 사이에 작은 새 한 마리가 날아 와 앉았다.

바람은 검은 머리칼을 푸르게 헤치며 무슨 의미인지 잘 알 수 없는 부드러운 얼굴로 달아났고, 햇빛에 기대선 건강한 소녀의 종아리가 아름답게 빛나는 그 나무 아래서 드디어 한 마리 새는 온통 갈색 뿐인 노래를 부르기 시작했다.

바다에 와서

아름답고 큰 물결 사이에서
소리치며 부서지며
겨울은 우리 가슴자락을 흔들고
하늘을 파내며 바람의 조각들은
새롭게 엮어지는 이 기념의 날을 춤춘다.
빛나는 노동으로 뉘우치던 사랑
몸부림하며 솟아오는 제 파도의 알몸에
아픈 혼이 흩날리는 평화의
아침을 던지고
흰 물살이 부푸는 체온을 남기며,
오늘은 푸른 시절의 깃발이 되려 한다.
바다에 와서
우리 가슴을 뛰어다니던
어둔 시간을 털고
건강한 밀물에 내가 깊이 침몰한다.

호박꽃

호박꽃이 조그맣게 피어 있었다.
호박꽃은 눈물 많은 고모와 잘 어울렸다.
호박꽃에 어리는 어둠가로
호박꽃보다 투박한 삼촌의 목소리가 들렸다.
호박꽃처럼 그렇게 모여 살던 식구들은
호박꽃 사이로 이제 다 흩어졌다.
호박꽃 위로 반딧불도 날아가 버리고
호박꽃은 환한 등불로 떠보였다.
호박꽃 잎에서 핑그르르 도는 미열
호박꽃은 어느새 나의 안에 들어와
호박꽃으로 커다랗게 피어 있었다.

추풍령

떨어지는 것들의 뒤에서
더욱 깊어가는 것은 하늘만이 아니다.
이슬이 되어 고이는 잠의 방울,
젖은 꿈을 네게 주고
벗어버린 옷 위에 부지런히 밀리는
슬픔이 되어서
발버둥을 버리고
산골짝을 버리고
까칠한 입술로 연기를 닦아낸다.
가슴에 묻은 한줌의 소리를
파묻는다.

부활

바람 속에서, 그 깊은 열기 속에서
「한스·기이벤라트」의 유년은
흰 겨울 이마에 뺨을 부비고
보이잖는 부활을 한다.
지상에는 들끓는 허무가 쌓이며
등불이 켜지는 마을을
서칠은 녹마가 달려간다.
몇 잔의 술을 마시고
그대가 「이반」처럼 「툰드라」를 향하여
출발할 때
눈발 속에
나부끼는 몇 개의
고향이 나의 차거운 심장 속으로
침몰한다.
가벼운 미열을 앓으며 심어둔
그 봄날의 장미가
이 추운 밤에 「이사도라·던칸」의 무도처럼
우리를 압도하는 비애를
너는 보았느냐.
푸른 줄기의 음악 속에
다시 바람은 쌓이고
광망의 벌판 아래 우리의 살은
너무도 뜨겁게 불타는 구나.

마을의 불이 꺼져가는 눈발 속에
하얀 영원 속에
이제 채찍을 들어
나의 전신을 내갈겨야 한다.

줄기

늦가을 들녘에 비스듬히
자빠진 허수아비 같이
허드렛불 타는 저녁
마른 풀더미같이
이빠진 된장그릇으로 가슴 풀던
우리 밥상머리같이
타작 끝난 마을의
머언 징소리같이
마른 하늘 더듬는
청이 아버지의 얼굴같이
바람 헤매는 빈마당같이
빈마당 같이.

우리 꽃의 예비
- 작은 애인에게

1
무한한 시절에서
고요히 떠나가 쌓이는
맑은 내 애정의 눈,
눈물끝 텅빈 내 방에
솟구쳐 낭자한 혈서 내리듯
펑펑 쏟아 채우다.

2
원정에서 돌아오는
내 조그만 아픈 진실을
네 마음바다 고운 수평에
등불을 켜 웃던 날처럼
맺힌 정 아슬히 담아서
철철 넘쳐 띄우다.

3
깨끗한 미래 속에
사무쳐 남은 꿈은
쓸쓸한 제왕의 잔을 들고
〈넌 왜? 난, 난 또 왜?〉
혈맥을 불질러
쾅쾅 울려 피우다.

4

그리운 날들의 빛
홀로 키우는 눈먼 영원을
내 떠나간 겨울의 뺨에
잊지못할 뜨건 눈으로
고요히 그 아침을 예비해
활활 피워 새우다.

대추 털기

나무에 오르는 일은 재미있다.
기어올라 장대를 휘두르는 일은
더욱 재미있다.
대추를 거느리는 맛,
어차피 하늘 속을 차지하는 것들은
떨어져야 한다면
가지 사이에 빛나는 견딤도 눈물겨워라.
닫힌 나를 열고
바람과 노래를 털어담는
노동에 관하여 갈채를 보내다오.
동트는 빛과 함께
지평을 세우고 헤매다 보면
새떼처럼 날으는 것들,
공중을 때리는 파문을 보내는 짧은 낙하에도
가슴이 젖는다.
맨살 가득히 불꽃이 숨어든다.
서로 만나 하나의
부드러운 질량이 되어 남는 무게.
무수한 아우성을 잠재우고
이제 고요한 흔적으로 모이는 모습들 위에
햇살이 잠기고 있다.
나무를 내려오는 일은 재미있다.

내려와 장대를 메고 떠나는 일은
더욱 재미있다.

나의 적은 나라의 겨울

겨울이 와서,
눈이 내려서,
몇 그루의 억센 나뭇가지에
흰 꽃이 핀 화단
빰 붉은 아가의 분명한 웃음과
달마다 1만 5천 2백 10원의
경제를 베푸는 우리
고집세고 건강한 아내,
쉬지않고 길고 깊은 어둠을 파내며
나의 적은 나라 깃발은
펄럭펄럭 노동한다.
때로는 별빛의 올올을 풀어서
우리 기념의 날을 수 놓고
가난한 새벽 마당을 쓸며
새롭게 살찌는 생애에 볼을 부빈다.
봄날에 필 장미를 가꾸며
그 시간 속에 돋아나는
저 형형한 출발의 소리들에
일제히 계속되는 역사들,
인구 셋의 나의 나라엔
날마다 날마다 힘과 아름다움의
젊은 음악이 싹트고
사철을 늘 추운 대전에서

땀을 뻘뻘 흘리는 여름에도
나는 얼어죽는 꿈만 꾸었다.
무엇인가.
꺾어버리고 싶도록 우울한 나의 모가지를 만지며
그래도 빨 붉은 진실을 보일 때처럼
나도 이제 분명한 것이 되어
이 어둡고 검은 기념탑을
깨끗한 흰눈의 겨울 가슴에
건강하게 건축한다.

내 젖어있는 의사속으로
무한히 떨어져 내리는 별은,
억센 뿌리로 영양이 풍부한
잎새를 이루어 주는
내 뜨거운 친구들이여.

자화상

한 대낮에
나는 길고 깊은 암흑을 파내며
동사무소 의자에 앉아 있었다.
겨울 아침 안개처럼 모호한
인생의 눈덩이를 굴리다가
천천히 혹은 돌연히 내게 밀리는
생애의 질문을 받고
이름모를 산꽃이 피다 진
그 쓸쓸한 몸짓으로
내 전신에 쌓인 암흑을 파내며
나는 자꾸 불을 켰다.

푸른 얼굴이여,
하늘에 박아둔 내 얼굴이여

바다의 잠

물결의 숲, 바다에 어제는 설치던 잠이
한없이 깊어지고 있었네.
눈을 맞는 빈약한 우리들의 체중이 내달리며
남겨논 면적 위에
겨울은 오직
억센 힘이 되어 빛나고 있었지
하루낮의 넉넉한 힘을 다 바치고
무성하게 사위는 별을 보다가 최소한의 진실이
뭉쳐서 빛이 된
홀로 그 정열에 관해서 얘기할 수 없었네.
즐거운 혼만 남아, 떠들며 돌아가는 바람만 남아
덜 아픈 자는 산을 발견할 뿐인 것을.
만리밖에는 뚜렷한 슬픔이 놓이고
오늘은 설익은 땀에 갇혀 그대 지붕을 건축하네.
부딪치는 바람의 깊이 산의 높이, 하얗게 일어서는
눈발의 목마름 속을 오래오래 헤매이면서.
바닷가마다 앞으로 걸어가는 게들이 보이고
부딪치는 하늘이 보이고
물결의 숲 바다에 어제는 설치던 잠이 한없이 맑아지고 있었네.

목숨

늘 높은 산에
바람의 물결은 깨끗한 귀를 씻는다.
산처럼 솟아오르는 나의 키가
지배하는 자욱한 대륙의 희망이
한 일몰을 기다린다.
살아서 남김없이 지상위에
체온을 부벼두고
부르튼 손바닥을 쳐대며
잠 안자는 돌이 되고 싶어한다.
달빛 일렁이는 산 숲의 기다림과
귓 속에 쌓이는 여울물 소리가
나의 맨발을 점령하고
거룩하게 무너지는 하늘을 풀며
아무런 필요도 없이
환하게 타버리는 목숨,
드디어 나는
솟아오르는 산 아래로
산색이 되어 파묻히고 있었다.

만남에 관하여
- 게르만의 헷 호르스트·랑게에게 -

1
나의 빈터에 반가이
찾아와 내리는 눈이여,
추억이며, 사랑이며
소리없이 밀리는 저 미완성의 흐름.
잠시 눈을 감고 있노라면
싱냥개비에 붙는 불저넘
전신에 이르는 무사함을 보며.
뜬 소식을 미리 알고서
밤늦도록 두드리는 문소리.
무엇을 어디를 떠돌아 흘러 들어야 하나.
얼굴에서 떨어지는 잎새여.

2
촛불을 켜고
남은 무한의 빛깔아래
오랜 어둠을 털어내고,
흰 눈은 오직 흰 눈의 힘이 되어 일어서고
천지에는 가득한 만남 뿐이네.

터득 I

금오산에는 젊은 폭포가 살고 있다.
차고 머언 빛깔로 묻어오는 산의 그리움,
언제나 그러한 심정으로 열심히 일어서는
물소리가 살고 있다.
산 안개 때문에 내 마음이 젖는 것이 아니다.
벼랑 아래로 이울어 번져 내리는
산냄새 때문에 내 가슴 뜨거워 오는 것이 아니다.

산정에 묻어두고 온 때묻은 땀.
계곡에 던져버린 찌들은 말들.
그러한 것들을 남김없이 거두어서
산색으로 피워 올리는 산울림의 혼이 있어서
산봉우리 마다 저 아름다운 기도가
무엇으로 남는가를
금오산에 가서 나는 알고 있다.

손마디를 풀어서

살갗에 차고 깊은 구름이 묻는다.
넋없이 돌아서서 볼 부비던 하늘을
언 입술 가득히 깨물어 담고
지새우며, 지새우며 달래는 파도.
꿈이 오는 한 밤에 지워버린 잠.
가슴에는 마른 억새꽃 사위는
냄새가 난다.
발등으로 허물어진 안개를 문질러 가며
내가 바친 얼음을 찾아 나서서
한 줄기 바람속을 씻어 나간다.
불태워 재가 된 가랑비 백리.
안 보이는 곳에 보이는 병을 감추어
진홍의 땀 방울을 주어 버리고
뭉쳐진 손마디를 모두 풀어서
주름진 마음자락 한껏 펼쳐서
잃어버린 노래를 쓸어 안는다.

그 나무 푸른 아래

그 나무 푸른 아래
젖은 달빛으로 머물러 갈까.
바람처럼 흔들어 싱싱한 맨발로
출렁여 볼까.
청년이 울던 데가 거기 어딘가.
눈부신 눈물을 사르는 냄새.
풀밭위의 나무아래 흐르는 구름.
지니고 있는 은밀한 비밀도
다 쏟아 놓을까.
잎새마다 깔리는 이슬을 털고
잘 잔 잠의 안부를 적어 보낼까.
그 나무 푸른 아래
가득한 노래를 부벼주면서
후련한 바람으로 넘쳐서 갈까.

불면

흰 눈은 내려서 가슴의 죄를 털고
풍금 소리 끝간데 쌓이는 광채
빈 손에 남아 떨리는 꿈
때 묻은 눈물이 부질없는 돌팔매 되어
강물을 때린다. 모래톱에 번진다.
살등을 문지르며 파묻히는 불면아.

연인에게 들려주는 메추드

손바닥에 묻는 데드 마스크
발 돋음을 시작한 고층건물 아래서
핑핑 잃어버리는 입술을 추기며

한 마리 새가 갈증난 영토
싸늘한 색채가 놓여지는 벽을 눈물이 내린다.
십이월은 저만치서 소릴 치며 흐르고
구멍난 외롬속을 주춤주춤 걸어가는
옷자락에 초라한 화살이 꽂히는 시각

눈발속에 멀어가는 영원을 아껴주고 싶은 머릿칼
모퉁이에서 떨리는 손끝에 내 음악이
젖으며 하나씩 하나씩 아름다운 계산을 하곤 모두
미아가 된채 망처난 의상을 벗는 방에 내부로 울고
있는 은은한 웃음의 베아트리체
나는 세상에서 가장 미운 사람이었습니다.
투명한 무덤에서 비로소 옷을 벗으며 눈부시게 아득한 벽을 출구 밖에서 감지한 바보

나는 손 모우는 병사였습니다.
쬐꼬만 꽃이 조용히 슬픈 벌판 끝에서 탄피에 부서진 내 연인의 푸

른 목소리에 혈액이 아픈 상황의 소리

모가지를 부벼대는 코오카시스의 트락을 훌훌히 흐틀어져 가는 불꽃으로 나의 손 모우는 입상속엔 항시 고독한 포성이 들렸습니다.

맑은 날개를 퍼덕이며 가슴이 터지도록 소스라친 시간에서
나는 나를 모릅니다.

꽃 떨기에 기대서서

달빛 위에 한 시대의 고뇌가 무너지고 있다.
가슴의 물결 소리와 나뭇가지 끝으로 이우는 밤새의 울음,
그리고 저 들뚫는 강의 무한
나의 암흑 속으로 그것들은 전부 눈물이 되어
꽃잎이 되어 피어난다.
물들어가는 한 여름의 천지의 빛깔도 어느 산줄기의 구름 아래
파묻혀 있을 것이다.
깊은 별, 유년의 얼굴들이 마치 거대한 천둥처럼 사무쳐서
나의 절망을 무시하고 있었다.
패배를 알기 위하여
아직도 얼마나 많은 말이 나는 필요하다.
꽃떨기에 기대 서서
나도 한 그루의 꽃나무가 되어서,
이 시대의 한 가운 데에 흐뜨러져 무너지고 싶다.

나를 부르러 온 이름

정말 나를 부르러 온 이름은 무엇일까
옷을 벗으며 차가운 바람이 일생을 묻어 오는 때
십이월을 걸어간 꼬꼬안 여자의 머릿칼
문득 심심해 조으는 세계의 중심을 한없이 두드리고 싶다.
밝음이 벗어나는 문
내 핏줄 가생이를 퉁기며
벽에 철소망같은 무늬가 그어진다.

가장 많은 뜻을
소중하게 잃어버린 오랜
질문을 풀다가
발이 시려운 종로에서
너의 손은 훈훈하구나
자꾸 눈물이 솟는 땅
지금은 눈을 맞는데
정말 나를 부르러 온 이름은
어떤 것일가.
빈 지도 위를
질주한 후 날금과 씨금은 언제나
배가 고프다고 투덜대는 자유

이른 새벽에 시월의
마당을 쓸다가

나는 비로소 지금이
귀 기울이는 훌륭한 슬픔인걸 알았다.
나를 부르러 온 이름이 무엇인가를.

아침 축가(歌)

천년을 나부껴 온
빛 머금은 종소리

크낙하게 돌아 오는
눈 부신 노력으로

침착히
모아 온 발견
문을 여는 나의 손.

눈물 깊이로부터
견뎌 온 맑은 질서

온 고통의 언저리에
금빛 태양이 되리

비릿한
어둠을 허물어
진실로 꽃이 필 때.

구겨진 지도에선
구름이 걷히는 소리
>

허물어진 벽가에로
새롭게 빚난 정복

화안히
고운 이슬 마시고
우리의 씨앗을 심자.

춤추는 겨울

눈발이 춤 출 때
슬픈 노래는 우리 가슴 속에서
더욱 진하게 더워졌지요.
죄를 찾아 헤매이는
고단한 발 아래
더럽혀진 것들은 다시
목마른 깨끗함으로
아픈 등불로 빛났지요.
쓰라리고 쓰라린 눈을 부비며
숙달되지 못한 죄를 견디며
벌거벗은 눈발의 무한을 보았지요.
아름다운 바느질로 깁는
어머니의 겨울에
춤추며 허물어지며
우리는 뜨거운 살로 쌓였지요.

점령

바람 속에 침몰의 빛이 살아 오른다.
획득의 끈끈한 어깨 위로 밤이 파묻히고 있다.
겨울을 떠난 고단하던 그 눈발의 열기를 타고 산맥들이 나부끼고 있다.
검은 하늘 끝을 적시던 지극히 흰 거부의 손짓과
욕망아래 쌓이는 온갖 깨달음의 시간.
처음 달빛을 캐내던 지도 위에
빛나는 혼들이 눈을 풀며
아직도 지붕들은 잠이 들지 않는다.
지나간 등불의 미동 뒤에
진정 피어오르는 것은 무엇인가.

차가운 얼굴로 찾아 헤매이는
불타는 도달을 끝내고
우리들은 본질을 탐내며 일어섰다.
천길 무심 속에 빠져있는
아름다운 힘만이 갈채가 되어 흩날리고
우리들은 시간의 살 속을
완강히 점령해 갔다.

강은 산정을 향하여 흘러가고
산은 등불 위에 무수히 떨어져 내리는 활달한 아우성을

그 압도적인 생애를 우리들은
자꾸 점령해 갔다.

말은 그렇지

맑은 가을입니다.
그 하늘 속으로 몰려가
바람이 되었다가, 연기가 되었다가
목놓아 우는 풀벌레 소리로 기도합니다.
무엇이 우리를 적시고 있는지
이슬인지 강물인지, 들길로 멀어가는
빗줄기인지
풀꽃 대궁에 맺히는 이슬 몇 방울.
안개속이 더 잘 보이는
모래와 피가 섞여지는 그런 색깔로
이 가을은 맹목적이었으면 합니다.
말이 그렇지
송승호, 박연 이런 친구들
저물기 전에, 산이 불타기 전에
함께 가슴을 허물며 떠들기로 했습니다.
더욱 맑은 가을입니다.

밤의 구장에서

가슴 속의 지루하고 무더운 계절이 무너지고 있었지.
전신에 차오르는 숲의 힘과 더불어
뜨거운 생명의 색깔로
물들어 가는 아름다움.
천지를 당당히 압도하는
금속성 음향이
어두운 귓속을 밝게 채울 때
깃발처럼 우리를 흔들며
포물선으로 솟아오르는 파도가,
어둠을 털어내는 수만의 열광이
하나의 뭉클한 자유로 돌아오고 있었지.
모두의 마음이 눈부신 힘으로 날으는 백구가 되어
한 가을밤의 시원한 음악에 파묻혔었지.

풀밭

내 숨결 닿는 끝에서
풀잎은 유난히 푸른 색을 하고 있다.
돌팔매가 떨어지는 강 물결 위에
하늘은 유달리 파란 깃발을 흔들고 있다.
당당한 봄이 와도
당당하지 못하는 나의 가슴은
지난 겨울의 폭설을 욕한 탓일까.
그 흰 눈을 사랑하고 있는
작은 풀의 체온.
팔을 벌리면
푸른 봄날의 푸른 가슴을
유난히 빛내며 내게 넘치는
풀밭이 있다.

비밀

산딸기의 가슴들이
깊은 노을속에 터지고 있네요.
얼룩지는 뺨을 부비며
먼 바닷벌로 돌아가는 바람.
그 속에서
수만개의 별이 울고 있네요.
억울하게 잃어버린 것들 뿐인 모래위로
허공 뿐인 지난 밤의 꿈결으로 찾아가 볼까요.
그리운 호박꽃 몇 송이 피어나는 흙담가에
허드렛불 타는 들판에
꽹과리, 북을 치며 장구도 치며
닐늬리, 피리젓대도 불며
크나큰 기쁨을 맞는 심정으로
일어서 달려 볼까요.
산딸기 가슴의 비밀, 별의 울음의
비밀을 이제 말해 볼까요.

'69 봄에

대학에 다닐 땐
「엘리옽 연구」란 책을 읽고
「영문학 원론」을 탐독했는데
아내야.
햇빛 맑은 작은 꽃밭에
우리 겨울을 견뎌온 새들이
날아와 올 때
마음 활짝 웃어보면 되는 거지.
시청 2층 계단 앞의 큰 거울 속에
흐트러진 머릿칼을
가슴으로 털며
사회과 창곁의 내 의자에선
「희망」이라던지, 「젊음」이라던지 하는
단어들이 들끓으며
그리고 참으로 조용하게 침몰하는 이유를.
아내야.
우리 결혼 기념일엔
이쁜 강아지도 기르고
하늘색 치자꽃 화분도 들여 놓고
황금 해태가 무슨 꿈을 꾸는지 알아 맞히고.
바람속에서
우리 가슴에 와 부딪치는
하늘을, 오늘을,

아내야
혁명처럼 시대처럼 뛰어 넘어서
먼 먼 대양의
봄파도에 씻으면 되지.

푸른 것이 더 푸른 날

맑은 별 아래 나붓끼고 있구나.
그 여름에 가득하던 푸른 잎새.
언덕마다 나무들이 자라고
흰 눈이 내려 흰 음성으로 빛나는
가지끝의 평화.
우러르는 만큼의 저 깊은 허공에
오늘은 미풍이 불고,
아버지의 학교엔 동화 속의
등불이 켜지고 있네.
불빛이 넘쳐 마을의 지붕들을 잠 재우고
한 아름의 꿈이 채워지는 사이
한 치 땅속에선 꽃씨들이 한 잠을 깨고
잊혀진 얼굴, 버려진 어둠, 밝혀진 보리밭까지 맑은 기침을 하고 있구나.
저 산뜻한 길마다
행복과 불행들이 매복해 있고
무엇에게 우리가 저격당하게 될지
하느님만 아는 일
자랑스러운 산천들을 배경으로
튼튼한 가슴, 부드러운 웃음.
참말 우리들의 아침은 당당하구나.
감사하다.
감사하다.

눈이 맑은 우리나라 사람들아.
머릿칼에 부딪는 바람을 풀어내려
서로에게 바쳐지는 추억을
나누어 소유하고
더 질긴 끈으로 퍼 올리는 샘물.
손발을 닦고 세수를 끝마치고
이제 우리 서로의 가슴에 희망을 색칠하면
오늘은 푸른 것이 더 푸르고
맑은 것이 더 맑고
높은 것이 더 높은 날
아득한 하늘까지 살갖에 넘쳐 있구나.

줄다리기

대운동회 날 한가로운
학교 뒷 길에서
두 마리의 개가
줄다리기를 하고 있다.
이겨라 이겨라
아이들의 응원소리가 들려오고
땅 위에 햇빛이 닿는 아름다움을
구경하며
투명한 바람이 인다.
만국기가 펄럭이는 가을 사이로
운동장에선 공굴리기가 한창이고
스피커가 내빈 경기를 안내할 때
준비를 끝낸 어른들은
2인 3각의 발을 묶으며
험험 헛기침을 한다
대운동회 날 만세 소리 넘치는
학교 뒷 길에
개 두 마리가 즐겁게
누가 이기는 게임인지 알 수 없는
줄다리기를 하고 있다.

들길에 서서

저무는 들길에 서서
무엇을 고백할까 잠시 망설였다.
흰빛 잎마름병이 번지는 만평의 논에
아버지는 힘겨운 농약을 뿌리시고
질경이 풀 밟다가 노을이 멀어간 후
콩밭너머로 아이들의 이름이 불리어지고
울타리가에 등불같은 호박꽃이 피어났다.
모깃불로 태워지는 왕겨와 보릿대질 앞에서
허락하지 않아도, 고백하지 않아도
세상 위에 천한것은 아무 것도 없음을
알으켜 주었다.
저무는 들길에 서서 산간지방의
쾌청한 일기를 오래 바라 보았다.

그러나 오늘은

코스모스와 사르비아가 함께 어울려 피는 그 길이 맑은 하늘 속으로 떠오른다.
기념의 날들이 떨어져 와 쌓이는 풍요한 땅을 내질러 가며
가슴 속에서 솟아나는 번쩍이는 힘이 보인다.
어둠같은 것이 조금씩 허물어지는 소리가 아침 조간 신문에부터 만원 버스 속까지
계속 나를 허기지게 하고 있었다.
쉽사리 버린 아픔은 아무데도 없다.
바람끝에 일어서는 대동강 물결이라던지,
남산 불빛이라던지
마음의 하늘아래 매달린 흰 박덩이와 같이 경험의 별들은 그리운 산 위서만 빛난다.
누구라도 허울을 찍어내는 힘을 가진 눈빛을 무시하지 못한다.
전능한척 하는 괴로움을 풀어내고 피어나는 꽃을 아직 사랑하지 못한다.
그러나 오늘은
서로의 가슴 속에서 번쩍이는 따뜻한 하나의 힘이 보인다.
어머니의 주름진 손에서 끓여지는 된장이 보인다.

가을

나즉한 음성도 다 들을 수 있습니다.
풀잎의 이슬,
나무 가지 끝의 바람,
우리들 머릿칼의 나붓낌까지
무슨 마음탓인지 다 알 수 있습니다.
볏단 묶는 어머니의 굵은 손마디가
가장 아름다운 것임을
때늦게 알았을 때 처럼
막혔던 가슴들이 열립니다.
햇빛 내리는 산 봉우리마다
우리들의 기도가 물들어 갑니다.
한 마지기의 논,
한 가마니의 고구마까지
건강한 한 낮
헝크러진 것들을 빗질하는
어머니의 하늘이 보입니다.
나즉한 음성도 다 들을 수 있습니다.

천 년의 빛나는 아침을

눈이 내리네요.
청신한 아침의 새들이 날아 오르는
하늘 깊숙히
천 년 대숲이 보이고, 이 나라의 산천이
떠오르고
한반도의 호랑이가 울고
맑은 산울림이 되어
우리 가슴을 흔드는 흰눈이 내리네요.
너무도 많이 만났던 지난 어둠을 털면서
너무도 많이 잃어버렸던 허전한 손을 펴면서
검은 구름이 있던 자리마다
가장 다감한 분위기로
창문들이 빛나며 열리네요.
보십시요.
한 여름의 진한 바다와 같은
이 신년의 희망들이,
강한 야망들이
눈발속에 섞어지는 아름다운 혼합을.
한 페이지의 국사속에서
하루의 땀 가운데서
한끼의 식탁앞에서
빰붉은 진실을 문지르며 자라오른 노래를 부르기 위하여
우리들의 얼굴은 어디에서도

끝끝내 우리들의 얼굴이지요.
내리는 눈은 수만의 살아있는 음향
추운 땅 위의 모든 방마다
따뜻한 등불을 밝히는데
이제 신발을 털고 산이 걸어오는 소리를
들어 볼까요.
가장 확실한 길을 찾아서
가장 확실한 모습으로
채워지는 사랑을 볼까요.
가장 깨끗한 빛깔로 시작하는 이 아짐이
가장 깨끗한 빛깔로 마감하는 저녁이 될 수 있도록
늠름한 박수를 쳐 주어요
눈발들까지, 산천들까지 신명이 나게
속 후련한 갈채를 보내줘요.
모든 량의 보이지 않는 꿈을 부르고
이제 싸늘한 시선들을 풀고
우리의 하늘을 같이 닦아요.
청신한 아침의 새들이
날아오르는 은빛 집이 보이고
신생의 꽃대궁이 간직한
은밀한 가슴을 웃어 주어요.
언제나 건강한 열로 솟아 올라서요.
조용히 쌓이는 눈의 기쁨이 되어
천년 모든 날의 빛이 되어요.

촛불을 마련하고

흰 눈은 처음 우리들의 은총이었죠
어머니의 막막한 기도가
분홍으로 흐르는 아이의 뺨
촛불을 마련하고
젖빛 엽서를 썼죠.
마치 피어오르는 마음같이
눈이 내려서
가난한 지붕들을 덮는 시간이었죠.
저 높은 곳을 향하여 날마다 날아갔죠
그 노래가 닿는 언저리마다
빛과 사랑이 넘치는 기쁨때문에
우리들의 눈물은 펄펄 뜨거웠죠
상처받은 사람은 이제
이 세상 온갖것 다 스치며 내리는
눈을 맞고
조용히 얼굴을 들면 되죠
짧고 짧은 머무름이나
길고 긴 기다림도 지금은 쉬면서
발아래까지 빛납니다.
외롭고 축축한 이마를 거친 손등으로
닦으면서 바라 보았죠
끝없는 길이 끝나는 길과 만나는
눈발 속

우리 착한 아이들이
어머니의 기도위에 꽃잎들을 놓으며
활짝 웃는 저녁을
어둠은 처음 우리들의 시작이었죠
소망의 나라
그 발돋음 같이 발돋움 같이.

연습은 끝나고

긴 연습은 끝났습니다.
여름의 끝은 아름다웠고,
눈물과 땀은 짜거웠으며
그 아침의 면목은 당당하였습니다.
「고향은 지금 가을」이라고 쓰여진
구겨진 몇 장의 엽서를
다시 읽어야겠습니다.
붉은 황혼 아래서는 조금씩
건방져도 좋습니다.
우리 가슴을 허무는
들길 가까이에 귀를 대보면
모두 산봉우리가 되라 속삭입니다.
저 하늘빛도 고마웁고
흰 연기도 우리의 것입니다.
연습은 다 끝났습니다.
세수를 하고 웃으며 시작합시다.

배꽃

엊그제도 사운대는 물소리를
담아 왔어요.
엷은 꽃가지에 달이 기울어
밤 뻐꾸기 울음만 담아 왔어요.
만나서 떨어지는 하얀 그림자.
가슴을 물드는 하얀 그림자.

강화도

달 지는 밤을 가며
산 허리의 꽃으로 홀리며
한 밤을 찔레나무에 물결치는
헤진 신발
갈댓잎에 스치는 쓰라린 등불
안개속으로 던지면서
목놓아 부른 엔리롤리.
바람 탓이랴. 소금 탓이랴.
알 종아리에 감기는 바닷물 소리.

고친 구두를 신고

찢어진 옆구리를 꿰매고
물이 새는 밑창과 닳아빠진 뒤축을 새로 갈았다.
구두줄도 다시 끼우고 구두약도 칠했다.
잘 고쳐진 구두를 신고
나는 바람 속을 걸었다.
아파트단지 앞을 지나 시장을 거쳐
사무실에 와서 화장실을 나너오고
오후엔 친구와 약속한 술집에 들러
술 한 잔과 잡담을 하고
백화점엘 가고
미술전시회를 둘러 보고
버스를 탔다.
버스 안에서는 다른 구두에게 짓밟히고
집에 돌아와 현관에 놓여진다.
아침에 삼학년 딸아이가 닦아 준
구두를 신고 마른 흙을 밟으며
나는 또 이 땅 위를 걸어서
어려운 세상을 헤쳐가면서
좁고 저문 하루 속을 헤맨다.
붐비는 구두 속에 헤진 내 구두도 당당히 한몫 끼면서
어둠과 습기를 밟고 걸어간다.

만추

탱자울타리 너머 춤추는 옷자락 끝에
징소리 자주 매어달리고
발에 채이는 시든 햇빛
눈에 담으며 밭귀퉁이로 나오면
연초연기 짙은 나뭇잎
얼굴에 떨어져 진한 황토가 되고,
가슴을 흩으며 깜박이는 등잔불을
오래도록 바라본다.
맨살에다 쓴 안부가
희미한 안개로 밀리고 있네.

유리창을 닦으며

바람 속을 떠도는 연기처럼
그렇게 시야를 떠돌다가
무너지는 음향.
창밖에 봄이 푸르고
우리는 마른 기침을 하며
가물가물한 산봉우리만 바라보았다.
지워지시 않는 입심을
안팎으로 부비면서
우리는 햇빛에 빛나며 깨어지는
유리조각이 되고 싶었다.
한 장 유리의 이 안과 저 밖의 사이
이쪽의 앉아 있는 사람과
저 밖의 걸어가는 사람
햇빛이 그 체온을 스쳐
이 안으로 통과되는 동안
우리는 다 잊혀진 시간 깊이 파묻혀 있었다.
투명한 차단 속에
서로 가리워져 견디는 부피만큼
우리는 잔뜩 더럽혀져 있었고
닦여져야 할 것이 닦여지지 않고
지워지지 않아야 할 것이 지워지는 저 차이앞에
우리는 햇빛에 빛나며 깨어지는
유리조각이 되고 싶다.

터득 II

목척다리 위에서 우리들이 갈긴
오줌은 지금 어느 바다 위에 떠 있을까.
밤새껏 냄새 속에 함께 갈기던
오줌은 어느 대륙에 스미었을까.
푸른 봄이 깊어도 아무렇지도 않은 체하는 감나무
등잔불이 켜 있는 방의 창살은
따뜻해 보인다.
전등불이 켜 있는 방의 창살은
차가워 보인다.
신도안을 가고 싶다
한 그루의 나무가 되어 있는 분
언제나 등잔불을 켜고 사시는 분
저무는 금산행 신작로에서 혼자 오줌을 갈긴다.

밤마다 술취해 웃는 이유를

충권아,
밤마다 술취해 웃는 이유를
네 엄마는 부활하려고, 더 왜소해지려고
하는 노릇이라고 말한다.
바람불고 눈발 휘몰아치는 속을
씩씩하게 걸어온 우리들의 외로움과 기쁨의 무게
눈이 쓰린 날은 시야가 더
아름다워 보였다.
엄마가 아픈 저녁
우리들의 밥상은 쓸쓸하였고
너는 마루치 아라치가 되어 내 가슴을 쳤지.
사람 사는 일이
이 천지 가득한 허공이
다 우리 손 안에 있는 거야.
이 어려운 말도 모두 철이 나면
다 알 수 있지.
하루에도 수 만 번씩 그리운
우리 식구야.
튼튼한 몸으로 문패를 달고
대문을 활짝 열어두자.
반가운 하늘 맑게 넘치는 날
네 엄마는 따뜻한 햇빛을
마음껏 퍼담을 수 있겠지.

용감한 우리 충권아
밤마다 술 취하는 이유를
이제 알겠니.

하순

빗방울에 젖는
고모네 딸기밭
아카시아가 흩어졌다.
잎새들이 떨리며

산길에도
비는 내리고
바람은 오래 불지 않았다.
땀에 잠겨 영그는
깜부기병 앓는 보리

드문드문 개구리가
울었다.

빗속에,
큼직한 흔적들이 잠기는
불빛 속에
얼굴을 헹구면서
다시 걷어올린
고모부의 힘줄 솟은
팔뚝.

굴렁쇠가 되어

1
감꽃이 떨어져 배고픈 날은
눈물겨운 노란 감꽃이 더 많이 떨어져
내 작은 키를 툭툭 건드렸지.
보리 익는 언덕배기 아래 깜부기 피리가 울고
어머니는 물 위에 그림자를 띄우며
무거운 빨래를 희게 씻어내고 계셨지.
핑그르 도는 눈으로
구름이 피는 대추나무 꼭대기를 바라보면
뻐꾸기 자꾸 산을 넘고
나는 풀밭에 곤두박질쳐
숨어 피는 하나의 풀꽃이 되고 있었지.

2
저녁 연기로 떠나고
한 방울 샘물로 만나고
못자리에 빠지고
하늘에다 불을 지르고
가슴에 무엇이 움트고 있느냐고
이 빠진 낫을 갈고
돌팔매를 던지고,

3

대낮은 새벽을 짓밟으며 군림한다.
이슬이 죽는다.
어린날의 문턱을 넘으며
나뭇잎들이 떨어진다.
돌아가야 할 길은 이제
바다가 되어 번뜩이고 있다.
아물거리며 네 만파의 맥이 되고 있는 바람.
마침내 하나의 굴렁쇠로 사라지는
우리들의 주소.

청천에는 별도 많고

푸른 보리밭에 지금은 깜부기도 푸릅니다.
절름거리며 보낸
그 겨울의 산허리를
밤기차가 내 달립니다
은하수 할퀴다가 보낸 한밤이
흰 이슬로 표백되어 있습니다.
무성한 젊은 날의 땀 속에
헤메어 봐도
구름은 머리 위로 흐르기 마련입니다.
살찐 보리대궁 산빛 기르며 기다리다가
귀 시려운 목청을 혼자 듣다가
누가 입주하는지
흙내 허물고 떨어지는 별똥을 가슴에 담습니다.
섭섭한 이 봄 너머 정말 청천에 별도 많은
풀꽃과 풀벌레 울음이 진하며
남아 있습니다.

못을 박다가

못을 박다가
잘못 손을 내리쳐
피가 흘렀지.
손끝에 묻어나는 아픔으로
더욱 기를 쓰고 망치를 휘둘러
못을 박았지
두꺼운 벽에 못을 박으며
내가 알게 된 것은
때리는 일은 기분좋은 것이고
박히는 일은 슬픈 일이라는 것
옷을 벗어 못에 걸며
이 필요한 짓이 내 스스로의
의사가 아니고 아내의 충동질이었음을
한참 생각했지.
상처를 싸매주며 못도 요령 있게
박아야 된다는 말은
별로 재미없었지.
벽에 박힌 못을 둘러보다가
비로소 지금
누군가의 망치에 얻어맞고
못이 되어 박혀 있는 나를 보았지.

은진에 가서

크나큰 미륵불을 배경으로
일학년 권이와 함께
사진을 찍었습니다.
바람 흐르는 부분에
햇빛의 틈을 비집고 섰는 모습이
조금 쓸쓸해 보였고
그 이마에 드리운 나무 그늘이
우리 마음으로 들어와
하늘거렸습니다.
빛나는 세상을 사는 일
어둔 땅 위에 숨는 일
피곤한 지폐나
때묻은 멱살이나
다 아무 것도 아닌 티끌이라고 합니다.
우리는 정말 얼마만큼 누구에게
무엇으로 필요한 것인지 알 수 없습니다.
그늘 있던 자리에 풀빛이 사위어가고
풀내남던 자리에
흔적 없는 시간이 머물고
촛불을 켜도 촛불이 빛나지 않는 날
모두가 잘 어울리는 모습이
되기 바라면서
대단하게 살찐

커다란 부처님을 배경으로
말라빠진 작은 우리들은
기념사진을 찍었습니다.

별을 만드는 아이 곁에서

눈물어린 눈에 잠긴 별
춥고 바람부는 땅 위에서
별은 따뜻하다.
낯설고 서러운 명사뿐인 밤
그 많은 날을 내가 차지한 것은
결국 저 별이었음을 비로소 깨닫는다.
목마른 세상을 흔들리며 흔들리며
한 묶음의 꽃으로 스러지고 남은 자리마다
아이는 빛나는 별을 안아다 놓았다.
은종이를 접어 별을 만드는 아이 곁에서
나는 결국 서툰 방해만 하였고
구겨진 별을 움켜지고
펑펑 우는 아이를 보며
울지도 못하는 나는 추위 속에서
아이의 눈물어린 눈에 잠긴 별
그 아득한 벌판을 바라보았다.

우리들의 희망음악

절실할 것, 견딜 것…
앙리·밋쇼의 겨울 편지입니다.
오전 아홉시 희망음악을 듣는
가슴 밑바닥에 흰눈이 날립니다.
빈 나뭇가지처럼 우리도 빈 육신임을 압니다.
유리창에 문대는 하늘 한 자락
오전 아홉시 케이비에스 희망음악을
듣는 얼굴 가득히
한 무더기 철지난 갈대꽃의
서식입니다.
우리는 서로의 가슴에 쌓이는
희망입니다.
깨어 있을 것. 조금씩 울 것…
앙리·밋쇼의 겨울 편지입니다.

억새풀을 위하여

마른 억새풀을 움켜잡고
선혈 흐르는 손을 봅니다.
눈발이 갈채처럼 빛납니다.
만타래의 바람이 쌓인 거기
마음 두지 않던 일을 피하고
사랑 부엌에 끓던 쇠죽은 식었고
외양간은 비었습니다.
어둠이 들어치는 사립문 위에
아직도 마르지 않은
어머니의 수건이 펄럭입니다.
보리밭의 은밀한 추위 속에
깜부기가 푸르고
꼭꼭 숨어도 머리칼이 보이는
언덕에서
살아 있는 억새풀보다
마른 억새풀이 더 억센 것을 알았습니다.

머리를 감으며

머리칼 사이에서 먼지들이 풀풀거리고 있다.
머리에 끼어드는 때가 비듬 속에 섞인다.
비린 냄새들이 머리칼을 흔든다.
못견디게 가렵고 더러운 머리통을
씻기 위하여 비누가 풀린다.
투명한 물 속에다 먼지와 때와
비듬을 풀어 넣으며
즐거운 물방울을
툭툭 떨어뜨린다.
우리는 깨끗한 머리칼로 햇빛 속에 나서지만
그러나 무엇으로 씻을까.
머리 속에 쌓인 죄와 어둠의 비듬을
어떻게 털어낼까.
머리를 감으며
머리의 바깥만 씻으면서
머릿속 생각의 때를 그 냄새를
씻어내지 못하는 가려움.
아아 누가 알 수 있을까
눈보라 같은 비듬 속에
누리가 묻혀감을

동물원

원남동 동물원에 가서 보았다.
팔벼개를 하고 있는 침팬지의 태평스러움이 나를 압도하였다.
뒷모습을 보이며 비스듬히 누워서
구경하는 사람들을 가끔씩 돌아다보는
그의 여유는 넉넉하였다.

마치 마누라 호통쳐 밖으로 내보낸 후
넓은 방 혼자 차지한 채
얼큰히 취해 휴식하는 사내처럼
등어리와 궁둥이도 의젓하였다.
머리를 괴고 있는 저 팔의 평화로움.

이윽고 모습을 돌려 한참동안
이쪽을 향했을 때
사실은 우리들이 우리에 갇힌 동물이었고
그는 당당한 구경꾼이었다.

끈을 당기며

저녁때 비릿한 밤꽃 냄새 때문에
술마시던 일 있다.
잔등에 나부끼던 어스름 위로
오줌 갈기며 당당해 하던 날
선생님은 풀잎의 소리가
눈가에 빛나는 것에 관하여 말하였다.
대청댐 수몰지역 물밑이 된 거기에
우리들의 체험은 살아 있다.
뒤떨어진 것이 아니다.
걸어보아라. 빈 몸으로 걸으면서 기쁘던 일.
그 해의 수확은 천 년의 양식으로 쌓여 있다.
바람이 흘러가고 물이 출렁인다.
설핏한 밤꽃 냄새와
오줌과 풀잎을 만나러 수몰된
내탑리를 찾아간다.
끝없는 저녁 물살에 젖고 싶다.
우리들의 영역에 관하여
무엇을 선명하게 남겨야 하는지 알기 위해서
나의 여윈 육체로 움직인다.
투명한 차단을 뛰어넘어
별을 건지는 짙은 밤꽃 냄새를 바라본다.

가을 기행

비가 내리는 주차장에 불빛이 섞인다.
남은 것은 축축한 허공, 예비의 충만함도 떠나고
밀착을 시도하라는 친구의 엽서가 책갈피에
땡감빛으로 떨고 있다.
들길엔 구절초가 몸을 뒤채고 있었다.
가슴에 꽂으면 안개 사이에서 선명히 드러나는 모습.
외숙모의 농사는 올해 이상기온에도 풍년임
느낌표 몇개가 빛남.

아들을 위하여 수확의 일부분과 함께
시오리를 기차를 탐
차 안엔 빰붉은 젊은이들이 봄같은 평화라고
노래부름.

원정리의 황토, 단풍 헝크러진 고향에
심금을 부등켜 안던 절박함이 회복되고 있다
마을 사람들은 낫을 거두면서 벼를 털면서
천둥 혹은 흰 빛 잎마름병들과 싸운 개선의 쓸쓸함과 만나고
있었다.
어차피 소유하는 일은 잃어버림의 응결임을 알면서
잊혀진 곳에 탱자나무 울타리 옆에 깨진
거울 조각이 하나 반짝이고 있다
푸른 하늘이 넘치고 탱자 익은 냄새가 담기며

몇 마리의 새들이 남긴 노래가 출렁거리고 있었다
아무도 알지 못하는 작은 영역
우주를 거느리고 별이 머물다 가고
아침 태양이 떠오를 때 파도치는 알몸
눈부신 너의 통치에 축복을 보냄.

소문이 먼 마을에서 찾아돈다.
파고드는 바람마다 투명한 고독이 명멸한다.
시간을 빨며 능금들이 툭툭 익는다.
배추밭가를 스치는 누이의 치마는 건강하고
남은 자들의 다음을 위하여 길이 길 속으로 섞인다.

이삭을 만드는 일에 전부를 바쳐본 경험이
있으십니까.
떨어지는 잎새들의 허밍 코러스
황혼의 필사적 숨결
홀로 남은 허수아비가 비어가는 논둑을 오래 응시 하고 있는
그 내부를 들여다봐 주십시오.

산울림이 지나간 자리
주름은 흐르고 키 큰 상수리나무 어깨 위에 찬란한
빛깔이 어린다.
멀리 개짖는 소리와 물결 소리가 엉켜서
빚어내는 것들
햇살 스미는 살찐 땅 위에
잘한다 잘한다 응원 받으며 싸리숲 무더기

데불고 잠자고 싶다.

만리길 가출을 한 맑은 이마의 미열
대운동회 날 만세소리가 들린다.
아득한 이름을 부르고 그것들을 가슴으로
채우고 풍선이 하늘로 오른다.
기쁨과 우수, 또는 서투름과 숙달
알맹이와 껍질
어느쪽에 가을의 흔적이 더 진하게 남아 있는가.

성난 사루비아의 언덕에 종소리가 와서 쉰다.
글썽이며 살갗으로 헐어낸 막막한 희망
젖은 입술에 싸늘한 크라리넷이 와 머문다.

강으로 산구경을 가는 사람들
물 속에 산이 넘어지고 물살은 몸 부비며 다시 산을 떠올리고
마침내 솟아오른 산봉우리의 줄기가
우리 허물어진 안으로 들어와 뿌리를 내린다.
산으로 강 구경을 가는 사람들.

보름밤을 탕진하며 들판은 혼자 울었다.
목맺힘이 섞여 붐비던 사랑도 가고
그리움기보다 떠도는 넋의 아름다움 때문에
바다 아래엔 꽃게들이 산다고 믿는 거와 같이
산 속 깊은 곳엔 풀꽃이 숨어 살고 있음
이 진실을 꼭 전해주시기 바람.

깃발 휘덮이는 아우성을 몸 전체로 짓이겨
되새겨보면 이윽고 당신도 하나의 깃발이 되어
나부끼고 있음을 발견할 것입니다.
먹을 갈며 남루한 비밀을 다듬고
브람스의 선률에 육체를 묻어두고
네가 덮는 하늘 한 자락에 별의 상처가 번진다.
통증이 스미는 세월의 미세한 세포마다
등불이 켜진다.
팔뚝 걷으며 힘쓰던 감자밭에 티끌로
널리는 욕망이여.
우리들의 목놓아 부른 찬송마다 꽃씨가
떨어진다.
엉키고 엉킨 호적부를 펼쳐 남기고 사루며 거두는
시작의 시작을 이제 다시
헤매지말라.

어떤 것을 태우랴 보리밭가에 서서 뜨거운
오줌을 갈기며 서걱이는 수숫대를 발로 참.
짚가리 위에 무서리가 내리고 있음.
추수로 얻은 평안이 지붕 아래 잠듬.
탈춤을 추며 여위는 가을에게
무엇을 준비하느냐고 묻지 말아야 함.

가랑잎처럼 쌓이는 한평생의 굴절 깊숙히
우리들은 구겨지지 않은 합창을 바칩니다.
침몰을 견디는 법은 무한히 탐색하는 것임을

우리는 체험하였으나 다 버리기도 합니다.
뚜렷하고 아픈 한 가닥 연기로 허공을 채우며.

우시장에서

팔린 소들이
팔리지 않은 소들을 바라본다.
우시장 어귀의 쇠똥냄새 위에
가을은 저물고
힘없는 짚검불이
바람에 불려다니는 근처의
빌목들의 당당함을
곁눈질해 본다.
소가지 없는 소가 어느 놈인가.
이제 풀비린내도 시들고
열 마지기의 논도 작별하다.
큰 눈에 콩밭두렁의 이슬이 떨어진다.
팔리지 않은 소들이
팔린 소들을 바라본다.
빈 발목이 쓸쓸해지기 시작하고
고삐에 부딪는 햇살 한 줌을
나누어 새김질하며
팔린 소들과
팔리지 않은 소들이
저무는 가을 속으로 저마다 돌아가고 있다.

돌자갈을 비집고 뻗은 뿌리는

하늘 위에 잠기는
바람 한 점에도 세상의 지극한
숨결이 스며 있습니다.
여린 잠 속에 찾아오는 꿈을 위하여
가슴이 저마다 켜놓은 등불
바람 속에서 더욱 뜨거워지는 그 불빛이
푸른 풀숲에 번져드는 일은
아름답습니다.
새벽 끝에서 일어나는 새벽 안으로
걸어나오는 해와 같이
한없이 반가운 얼굴의 웃음
목이 마른 한 벌판에
저 산봉우리의 휴식처럼
가장 정든 물무늬로 고여오는 샘물입니다.
연기 날리고 불빛 뜨는 맑은 날
저 푸른 그늘 밖에
눈부신 몸짓으로 만나는 희망들이
온갖 이름의 둘레로 넘칩니다.
언제나 사랑으로 크는 나무
돌자갈을 비집고 뻗은 뿌리는
이제 우람한 핏줄되어 고동치고
향기로운 길을 열고
여기 도도한 강물도 흐릅니다.

생명의 별도 빛납니다.
이 동산에 피어나는
꽃잎 하나에도 찬란한 세월의
사랑이 배어 있습니다.
모두가 그 보배로운 열매입니다.

얼굴을 팔에 묻고

호롱불 밑에서 읽는 고린도전서 십삼장
빈터에 쌓이는 찬란한 눈
나의 안에 퍼붙는 불티
서른 여섯에서 서른 여덟 사이에 앓는 병
소스라쳐 바라본 허공
타작 끝난 마을의 먼 징소리같이
바람 헤매는 빈 마당같이
빈 마당같이.

속물의 증언

어차피 우리는 속물인 것이고
군중 속에서 제마다 잘나 있지만
얼마나 못난 노릇이냐.
가령 밤차가 한강을 건널 때
차거운 이마에 닿는
열기를 거두어내며
바람 속으로 내다보이는
불빛을 건방지게 무시하면서도
우리의 야망은 소주 한 잔의
취기밖에 되지 못한다.
땅은 어둡고, 창공은 빛나고
어둔 땅 한 평을 차지하지 못하는
제왕의 어둔 마음.
빛나는 창공 백만 평을 차지하는
빛나는 마음.
어차피 우리는 속물인 것이고
처자식과 더불어
하늘이나 맑게 차지하고
살아볼 일이다.

감자를 캐면서

감자를 캐면서
거두어들임의 참슬픔을 체험했어.
흙 속에 살아 있는 이 살찐 감자알의
넉넉한 영역을 파헤집으며
벌거벗고 튼튼해지는 법을 알기 위하여
열심히 움켜쥐었어.
하나의 소유가 얼마나
크나큰 놀라움이 피는가를 보면서
땀투성이 온몸을
감자알로 부벼대며
사라지고 남겨지는 것들의 차이안에
나는 눈치없이 어울렸어.
땅빛깔의 감자꽃이 되어
산비탈에 낭자한
저녁 풀벌레 울음이 되어.

어떤 헌사

뒷간에 앉아서
외상술 값, 오물세,
쥬리엘 그레꼬의 샹송을 듣는다.
오줌과 똥의 혼합
이 서러운 냄새를 보고 있으면
내가 붙여준
친구녀석의 희곡 제목.
‘물과 모래의 긴 인내’가
나를 당당하게 한다.
병들어 울던 많은 날이
휴지도 버려진 자리
엉덩이가 춥구나.
목척다리 위에서 갈기던 오줌.
상업은행 문앞에다 토해대던 콩나물가닥.
나으리 머리 위에 쏟아붓던 구정물
불 타던 맹꽁이 차 클랙션 소리
이것들이 지금
빛나는 바다, 튼튼한 대륙속에
진한 거름이 되었구나.
뒷간에 쭈그리고 앉아서
연탄값, 수도세를 걱정하는
나는 그래도 잘난 놈이다.

사진

불같이 불같이 하던 나를 태워
남는 재 속에 네 이름을
깊이깊이 새기고 싶은 적이 있었다.
보리밭에 남아,
노란 보리밭에 남아
빨간 해를 보고 싶었다.
우리 나라의 보리밭엔
뻐꾸기 울음이 있으니까
나도 감사를 배운 사람으로

팍팍 끓던 된장이나
쓰러졌다 다시 일어서는
힘을 잊지 못한다.
밤새 비맞은 산,
빈 풀밭을 지나
할아버지의 착한 전답이
조금씩 아물거리던 충청도에 와서
틈틈이 모여든 이름들이 기념사진을 찍었다.

목척다리

목척다리 아래서 우리들은 썰매를 탔다.
겨울인데도 풀잎 피리를 불며
스케이트 날을 갈던 노인.
봄이면 골목으로 피리 소리가 울려 퍼지고
그러면 '칼 가세요'인 줄
대전 사람은 다 안다.
디운 여름닐은 열두 공굴 너머도
멱감으러 다녔고
천변에 써어커스단 깃발이 펄럭이면
으레히 비가 내렸다.
빗속에서 듣는 트럼펫 소리
중동 십번지엔 싸구려로 슬픈 꽃들이 팔리며
역앞엔 사투리처럼 많은 사람들이
눈발처럼 나부끼고 있었다.
나는 오늘 그 엷은 안개를 헤집으며 낮은 포복으로
이 도시의 허공을 헤매이고 있다.

봄 산

건방진 몸짓으로 살구꽃이 떨어지고 있다.
무슨 심정으로 이 푸른 하늘을 가리겠느냐며
수런대던 꽃잎들이 잠드는 동안
너는 달빛이 세운 산을 바라보았느냐.
잠시 거칠어진 손을 모으고
술취한 이마를 바람 속에 묻으면
그 산이 가슴 속으로 무너져왔느니라.
미열을 견디는 꽃가지끝에 네 숨결이 놓이고
빈 그물로 돌아오는 어부의
봄타령이 엷게 떨리며 있는 언저리.

획득

참 슬픔을 허물어서 네 가슴위치 꽃이 되고 싶다.

실로 어둡고 아픈 그 집중만큼이나 선연히 묻어오는 달빛을 퍼마시고 지상에서부터 가버리는 것들은 너는 한줄기 비애를 지우기 위해 애를 쓰고, 어디에서 다시 남아 그 완강한 아우성을 피워 올릴 것인가. 내 마음 자락을 뛰어다니던 서러운 자유와 더불어 들끓는 하늘아래 즐겁게 내가 바친 노동속에 만평의 땅은 비에 젖고 깊고 깊은 어둠을 파내며 솟아오는 능불 아, 빈 눈 속에 가득 채워지는 나의 달이여. 건강한 곡절 위에 흰 둘레를 이루며 무너지는 파도의 영원처럼 젖어있는 나의 기도를 예비하며, 때묻은 나의 전부를 허물며 하나의 깃폭으로 우러러 오르는 달.

아 그 음향이여.

아무도 모르는 발견의 감이 있었다야 그 꺼칠하던 늙은 나무에서 저렇게 붉은 감이 익었다야.

감꽃이 피기 전엔 감 같은것이 열릴 것 같지 않았는데, 내가 할머니 품에서 깊이 잠들어 있는 동안에 저렇게 감이 익었다야.

(감나무는 우리 할아버지가 심었는데 그 때 나는 태어나지도 않았다더라. 내가 자라서 감을 먹을 때 쯤엔 감나무 둘레를 빙빙 돌면서 놀더란다. 할머니가 그랬다. 할머니는.)

나는 기뻐서 막 웃었다. 내가 할머니랑 둘이서 살고 있는 우리집 안 마당에서 돌담 너머를 내다보며 감나무는 쓸쓸하게 자랐고, 저렇게 붉은 감이 익었다야.

(내가 두번째로 감맛을 알았을 때 할머니는 곶감 만들 감 껍질을 벗기면서 감나무 끝에 앉은 까마귀는 쫓을 생각도 않고, 감 껍질을 보

고 쫒아드는 수탉을 사납게 쫓기만 하고 있었다. 할머니는.)

온 가을을 나는 할머니 품에서 꿈을 꾸었고, 그 꿈이 깰 때쯤엔 감나무에 눈이라도 소복이 내려 있었으면 하고 가슴 설레었지만 저렇게 붉은 감만 흐트러지게 익었다야.

(감나무는 차차 여위기 시작했는데 그 때쯤 할머니도 죽었다. 나는 할머니를 알았다. 어느날 밤, 감나무 에 걸려 있는 달을 보면서 그 작은 눈으로 눈물을 철철 흘리던 까닭을. 할머니는.)

산울림 속에 서서.

선언

굳은 얼굴 서로 펴고
야윈 손을 쥘 수 있다면
상처난 가슴끼리

지극히 따순 인정
별빛 아래 모여서서

찢기워진 옷자락쯤
은밀히 웃은 것을.

서러운 가슴인 채
밝은 햇빛 웃고 받아

맑은 숨소리 찾으면
반드시 찾을 수 있고

눈부신 한 힘으로
새 기도를 높이 세우리.

길

달빛 허물어서 꽃으로 채운 가슴
하얗게 쌓이는 구름 한 끝 목이 메어
눈감고 내달리면 더욱 환히 뵈는 길

어차피 아픈 꿈이 왼몸에 물이들어
불질러 문질러도 흔적은 새로웁고
머나먼 하늘 속에 더욱 멀어 가는 길.

연

가슴속 상채기를
손마디에 풀어내어

이승의 더운 힘을
올올이 누벼 담고

설레는
눈발의 강에
배를 질러 가야지.

향

청솔의 향내 이는
산마루 바람 속에

밀리는 왼갖 한을
봄물 속에 물들이고,

이 한껏
사무쳐 솟는
푸른 날의 기도야.

어둠을 허물며

해뜨는 산비알에
진한 숨 하늘 풀고

아픔이 저무는
대안의 꽃을 덮어
울어온 석종인데

흐른 강
꿈처럼 겨워
더욱 뜨건 가슴이네.

포성이 머물다 간
피로 지운 내 땅 위에

맘저린 등불 밝혀
옛노래로 떠올리면

새맑은
바람길 천만리에
쏟아지는 빛살이네.

시름의 한을 태워
퉁기는 마디마다

바다같은 향내로
여위어 오는 달을 씻어

올올이 새긴 뜻을
천지에 치솟아 올려
깃폭으로 덮어가네.

10장. 『한국현대시조대사전』의 시조

- 이덕영 시인의 약력에 대하여 간략하게 정리하고 시조를 수록하고 있다.

이덕영(李德英, Lee, Duk young) 본명: 이덕영(李德榮)

1942~1983. 충남 대전 출생. 대전공고, 서라벌예대, 고려대학교 수료(1966). 〈한국일보) 신춘문예 「화석」 당선(1963), 〈동아일보) 시조 「꽃」 입선(1963) 등단. 시집 『태양을 안고』(196., 이우, 공저), 『한 술기의 연기』(1976. 형제), 『푸른 것이 더 푸른 날』(1993. 문경), 대전시 문화상, 문화공보부 신인예술상 희곡 특상 수상. '머들령' 문학회 동인, 충남문인협회 부지부장 역임.

수정 사항

- 동아일보 신춘문예 시조 「꽃」 '입선'은 신춘문예 수상자 발표에 따라 '가작'으로 정리.
- 시집 『태양을 안고』의 ((1961. 이우, 공저)의 '이우'는 출판사가 아니라 '二友, 두 친구, 강신본과 윤충'을 가리킴. 윤충 시인의 증언에 의하면, 당시 정신 선생이 '의회 주보사'에 의뢰하여 발간하였으며, 출판사는 명기되지 않았다고 함). 이 책은 강신본 윤충 이덕영 3인시집이다.
- 출판사명에서 '형제'는 '형제출판사', '문경'은 '문경출판사'임.

화석(化石)

1
가슴 안 흐늘진 곳 침몰하는 꽃이 고와
포성이 울다간 날 산굽이 노을 젖듯
혈맥에 아픈 음악으로 불 지피고 날은 새.

2
불여귀不如歸 천년 울음 피 먹어 찢긴 하늘
못다 한 외롬인 채 눈 시린 사랑 속에
무늬진 새하얀 숨결로 흘러가는 강물 소리.

3
상사 앓는 새악시 일렁이는 수줍움을
나상裸像의 생명에서 오늘이 곱게 타는
죄스런 항아리 깊은 안벽 다시 지는 달이여.

4
은핫물 아아라한 기도를 나래 접고
세월이 내려 쏟는 전설을 이정里程하다.
애닳는 침묵을 밤새워 영원하는 아쉬움.

5
이방의 설운 얼굴 안으로 조각하며

철썩이는 종소리 인종에 깨물다가
향불로 휘돌아 문을 열고 나비 되어 날리라.

겨울 심서(心書)

이제사 깨우치는 한 움큼 핏속에서
목마른 가슴들을 한밤 내 져다 부린
잠 못 잔 많은 날이 한 가닥 눈발임을.

지우며 살 허물며 타오른 등성이에
쌓이던 꿈이 배어 흰 뼈로 번져나면
차가운 이마를 구름처럼 묻는다.

그믐밤 창호지에 가득한 불빛처럼
그렇게 넘쳐 살기를 어머니는 기도했다.
빈 가지 그 너머로 눈을 맞는 나의 마음.

내 나라 가을

저무는 달안개 아래 치솟는 산맥을 넘어
과果밭을, 과果밭을 울어 목이 젖은 가을 새들
빈 허공 어리는 눈에 한 아름 별빛이 고이네.

힘과 사랑의 만남을 아프게 지켜온 꽃잎
찬란한 세월은 흘러서 낙엽은 등불을 밝혔는데
먼 고려 그 아득한 뜰에 청자빛 슬픔 배노네.

솔숲 향기 천년을 살아 강물 깊이 채워놓고
한숨 밴 지붕 끝에 흰 서리로 내려서면
잊혀진 한이 펴올라 하늘 더욱 푸르네.

저녁 해 지는 산천 사무친 꿈을 쏟아
취한 가슴 부벼보면 남루한 역사가 한결 곱고
창호지 정겨운 그림자 문득 다시 그립네.

파랗게 닦은 하늘 새들 솟아 무한한데
야윈 손 모두어 잡고 종소리 채워가면
허무는 어둠 그 위에 새 노래가 보이네.

병풍 속의 내 땅

1
머언 날 광야 속에 아픔하는 눈물인 채
죄스런 손끝에다 한숨을 묻어두고
해종일 지워버린 발자국 안 침전하는 하늘이여.

2
외로운 앓음으로 흩뿌린 세월인데
옷자락 접는 음향 눈 오듯 꽃지는 밤
눈감은 회한을 불사르며 다소곳 말없는 땅아.

3
여윈 빛 강물 위에 수줍게 떠온 달을
가슴 시린 이정里程에 꼬옥꼬옥 누빈 설움
병풍 속 청학과 밤새운 나직한 가얏고 소리.

4
먼 곳에 피어오르는 가까운 나의 숨결
오래도록 안아봐도 따스한 저 산하들
어쩌다 핏빛 하늘 철새들은 울고 갈까.

5
달무리 아픈 은하 한 올씩 적시우며

승천한 〈아리랑〉의 목이 젖은 벽 넘어
찬란한 슬픔의 봄을 나도 아직 기다릴까.

악기

1
눈 시린 물살 위로 지그시 번진 숨결
마음 끝 아득하게 부서지는 별을 닦아
후련히 빈 들판에 불 질러 취한 울음.

2
한 대낮 끓는 해도 아껴 온 시련인데
새맑은 피가 흘러 가슴 가득 터진 꽃을
짓씹어 사룬 한이 구름 되어 날으네.

3
천길 밑 묻힌 꿈을 달빛으로 캐어내어
선연한 바람결에 남김없이 뿌려놓고
뼈마디 서러운 벽속 밀물하는 강이 남네.

연기 속으로

쓰라린 맘을 털어 더 멀리 바라보면
우리가 가누는 시름 하찮은 물결인가.
돌팔매 수없는 날을 섭섭하다 하지 말자.

감싸 쥔 설움의 한 끝 광목처럼 내다 널고
부시게 바래진 날 진하게 먹물 찍어
그윽이 머물 곳 찾아 흰 노래로 넘쳐갈까.

한 점 부끄런 자국마다 피를 적셔 피운 꽃잎
노을을 길어 붓고 하늘을 퍼 담아서
반가운 눈물로 펼쳐 목숨 되어 날리라.

흔적

1
강물빛 구두 위에 탱자꽃은 떨어지고
가는 날 헛짚으며 땀 흘려온 만 리 길을
쓰디 쓴 피리가 되어 저 무심을 일으킬까.

2
이 빠진 술잔을 들어 타는 놀을 퍼마시면
먹물 보이듯 별은 돌아 맨살에 스며들고
못 견뎌 아팠던 일이 하찮은 구름인 것을.

3
얼룩진 죄罪를 풀어 네 손등을 문지르면
차디찬 눈물은 더워 가슴 가득 달이 뜨고
철 지난 옷자락 끝에 한 아름 젖는 벌罪아.

우리 꽃의 예비 - 작은 애인에게

1
무한한 시절에서 방황을 떠나가 쌓이는
맑은 내 애정의 눈 눈물 끝 텅 빈 내 땅에
솟구쳐 낭자한 혈서 내리듯 펑펑 쏟아 채우다.

2
원정에서 돌아오는 내 조그만 아픈 진실을
네 마음바다 고운 수평에 등불을 켜 웃던 날처럼
맺힌 정 아슬히 담아서 철철 넘쳐 띄우다.

3
깨끗한 미래 속에 사무쳐 남은 꿈을
쓸쓸한 제왕의 잔을 들고 〈넌 왜 ? 난, 난 또 왜 ?〉
혈맥을 불질러 취해 쾅쾅 울려 피우다.

4
그리운 날들의 빛 홀로 키우는 눈 먼 영원을
내 떠나간 겨울의 뺨에 잊지 못할 뜨건 눈으로
고요히 그 아침의 예비에 활활 태워 새우다.

설인

하얀 눈숲으로 마음은 궁글어 내리고
한 자락 옷깃 안에 감춰진 빈 육신이
참말로 홀로여서 그 설렘은 촛불보다 깊었네라.

아득하게 너는 가고 눈발은 다시 오고
끝없이 잦아드는 세월을 밟으면서
흔적은 알 수 없이 이 아픔은 어둠보다 진했네라.

불면

흰 눈은 내려서 가슴의 죄를 털고
풍금 소리 끝 간 데 쌓이는 광채.
빈손에 남아 떨리는 더운 노래야.

때 묻은 눈물이 부질없는 돌팔매 되어
강물을 때린다, 모래톱에 번진다.
실등을 문지르며 파묻히는 불면아.

11장. 신문 잡지에 발표한 시와 시조
- 제목 가나다 순으로 정리한 시와 시조 18편

69 봄에
- 농경신보 1969.04.07. 초대시단

대학엘 다닐 땐
'엘리옽 연구'란 책을 읽고
'영문학 원론'을 탐독했는데
아내야.
햇빛 맑은 작은 꽃밭에
우리 겨울을 견뎌온 새들이
날아와 울 때
마음 활짝 웃어보넌 되는 거지.
市廳 2층 계단 앞의 큰 거울 속에
흐트러진 머릿칼을
가슴으로 털며
사회과 창곁의 내 의자에선
'희망'이라던지, '젊음'이라던지 하는
단어들이 들끓으며
그리고 참으로 조용하게 침몰하는 이유를.
아내야.
우리 결혼 기념일엔
이쁜 강아지도 기르고

하늘색 치자꽃 화분도 들여놓고
황금 해태가 무슨 꿈을 꾸는지 알아맞히고
바람속에서
우리 가슴에 와 부딪치는
하늘을, 오늘을,
아내야
혁명처럼 時代처럼 뒤어 넘어서
먼 먼 大洋의
봄파도에 씻으면 되지.

나를 부르러 온 이름
- 대전일보 1963.12.20.

정말 나를 브러러 온 이름은 무엇일까
옷을 벗으며 차거운 바람이 一生을 물어 오는데
12월을 걸어간 교교한 여자의 머리칼
문득 심심해 조으는 世界의 中心을 한없이 두드리고 싶다.
 밝음이 벗어나는 門
내 피ㅅ줄 가새이를 퉁기며
壁에 철조망 같은 무니가 그어지다.

가장 많은 뜻을
所重하게 잃어버린 오랜
質問을 풀다가
발이 시려운 鐘路에서
너의 손은 훈훈하구나
자꾸 눈물이 솟는 땅
지금은 눈을 맞는데
정말 나를 그러러 온 이름은
어떤 것일가.
빈 지도위를
질주한 후
날금과 씨금은 언제나
배가 고프다고 투덜대는 自由
이른 새벽에 12월의
마당을 쓸다가

나는 비로소 지금이
귀 기울이는 훌륭한 슬픔인걸 알았다.
나를 부르러 온 이름이 무엇인가를.

들길에 서서

- 중앙일보 1980.09.06. 중앙시단

저무는 들길엥 서서
무엇을 고백할까 잠시 망설였다.
흰빛 잎마름병이 번지는 萬坪의 논에
아버지는 힘겨운 농약을 뿌리시고
질경이 풀 밟다가 노을이 멀어간 후
콩밭너머로 아이들의 이름이 불리어지고
울타리 가에 등불 같은 호박꽃이 피어났다.
모깃불로 태워지는 왕겨와 보릿대짚 아에서
허락하지 않아도, 고백하지 않아도
세상위에 천한 것은 아무것도 없음을
알으켜 주었다.
저무는 들길에 서서 산간지방의
쾌청한 일기를 오래 바라보았다.

= 시의 주변 : 아버지는 소주를 마시고 알마늘을 고주장에 찍어 와작와작 깨물었다. 고향에 간 날은 올여름 오랜만에 보는 노을을 만날 수 있었다. 허수아비는 참새들과 어울려 놀고 풀더니 지게 위에 고압식 분무기를 얹혀지고 돌아가는 마을 사람들의 모습을 보며 제발 벼가 잘 여물게 날이 쾌청하길 빌었다.

말은 그렇지
- 충남교육 1978.10.01. 문원

맑은 가을입니다.
그 하늘 속으로 몰려가
바람이 되었다가, 연기가 되었다가
목놓아 우는 풀벌레 소리로 기도합니다.
무엇이 우리를 적시고 있는지
이슬인지 강물인지, 물기로 멀어가는
빗불기인시
풀꽃 대궁에 맺히는 이슬 몇 방울
알개 속이 더 잘 보이는
모래와 피가 섞여지는 그런 색깔로
이 가을은 맹목적이었으면 합니다.
말이 그렇지
송승호, 박연 이런 친구들
저물기 전에, 산이 불타기 전에
함께 가슴을 허물며 떠들기로 했습니다.
더욱 맑은 가을입니다.

밤의 球場에서
- 한국일보 1973.10.02. 가을시단

가슴속의 지루하고 부더운 계절이
무너지고 있었지.
全身에 차오르는 숲의 힘과 더불어
뜨거운 生命의 색깔로
물들어 가는 아름다움.
天地를 당당히 압도하는
금속성 음향이
어두운 귓속을 밝게 채울 때
깃발처럼 우리를 흔들며
포물선으로 솟아오르는 파도가
어둠을 털어내는 數萬의 熱狂이
하나의 뭉클한 自由로 돌아오고 있었지.
모두의 마음이 눈부신 힘으로 나는 白球가 되어
한 가을밤의 시원한 音樂에 파묻혔었지.

봄 숨결
- 대전일보 1978.4.26.

찾아 헤매이는 기쁨
참으로 덧없음이여
진달래 꽃빛깔로 우는 선생님

그 해 한 겨울을
肝을 앓으며 잃어버리고
흰 눈 되어 날아나닌 노래가
가득히 피어 있구나.

축축한 잠으로, 거대한 罪로
발등에 길어붓는 물소리
모두 말이 없었지

자꾸 질문하는 일
누구를 닮는 일
모두 혼자 날아서
혼자 거두어 가는 것을

아아 끝내 못다하는
우리들의 心琴
허공에는
봄 비린내로 밤 새운
가랑비가 날리고 있다.

비밀

- 한국일보 1974.09.06. 상추시단

산딸기의 가슴들이
깊은 노을속에 터지고 있네요.
얼룩지는 뺨을 부비며
먼 바닷벌로 돌아가는 사람.
그 속에서 수만개으 별이 울고 있네요.
억울하게 잃어버린 것들 뿐인 모래 위로
허공뿐인 지난 밤의 꿈결으로 찾아가 볼까요.
그리운 호박꽃 몇 송이 피어나는
흙담가에
허드렛불 타는 들판에
꽹과리, 북을 치며 장구도 치며
늴리리, 피리젓대도 불며
크나큰 기쁨을 맞는 심정으로
일어서 달려 볼까요.
산딸기 가슴의 비밀, 별의 울음의
비밀을 이제 말해 볼까요.

샘물
- 충남일보 1975.11.21.

가령 햇빛과 땅 사이에서 만나는
무수한 인연이라든지
가을과 바람들이 우리를 젖게하는
달빛을 짓밟는다든지 하는 것들이
이 샘물에 무엇을 채울 건인가.
소리없이 흔들리는 나뭇잎.
마른 손의 기도.
날마다 새롭게 날이서는 잠을 자면서
퍼내고 퍼내고 또 고이는 아픔을
며서본 사람은 잘 안다고 말했다.
밤은 헛되고
그 헛된 어둠을 별로 채우며
우리는 쉬지 않고 고이는 샘물이 되어서
차오르면 넘칠 것이다.
퍼내면 퍼낸 만큼의 힘으로
더 깨끗한 살로 넘칠 수 있다면
하늘빛 풀꽃을 따서 던졌다.
그러나 누가 알까.
물묻은 달도 건져지지 않는데
아주 밑바닥에서는
눈부신 가슴을 건재낼 수 업서는 일임을
샘물이 되어서
한아름 마른 목을 적시는 노래가 되어서

햇빛과 땅속으로 가득히 흘러들어서
비로소 샘물이 되는 샘물.

연습은 끝나고

- 충남교육 1977.10.01. 문원

기니 연습은 끝났습니다.
여름의 끝은 아름다웠고
눈물과 땀은 싸거웠으며
그 아침의 면목은 당당하였습니다.
'고향은 지금 가을'이라고 쓰여진
구겨진 몇장의 엽서를
다시 읽어야겠습니다.
붉은 황혼 아래서는 조금씩
건방져도 좋습니다.
우리 가슴을 허무는
들길 가까이에 귀를 대보면
모두 산봉우리가 되라 속삭입니다.
저 하늘빛도 고마웁고
흰 연기도 우리의 것입니다.
연습은 다 끝났습니다.
세서를 하고 웃으며 시작합시다.

아침 축가(祝歌)
- 학원 1963.04.01. 4월의 시

천년을 나붓겨 온
빛 머금은 종소리

크낙하게 돌아오는
눈부신 노력으로

침착히
모아온 발견
문을 여는 나의 손

눈물 깊이로부터
견뎌온 맑은 질서

온 고통의 언저리에
금빛 태양이 되리

비릿한
어둠을 허물어
진시리로 꽃이 필 때.

구겨진 지도에선
구름이 걷히는 소리

허물어진 벽가에로
새롭게 빛난 정복

화안히
고운이슬 마시고
우리의 씨앗을 심자.

저녁때 냉수

- 한국일보 1975.08.02. 여름시단

남은 황혼을 징소리로 퍼내리.
풀꽃이 피는 마을의
저녁 냄새가 되리.
모깃불 煙氣 머리칼에 밀리는
바람을 마시리.
눈 귀마다 들판마다
지천으로 나는 개똥불아.
알몸의 땡감은 알몸으로 여물고
푸르른 날은 푸른 냇물로 씻고
사랑하는 山川에 고이는
팽팽한 이슬방울아.
대추나무 아래 호박 넝쿨 아래
별아, 별아.
하루 낮 땀을 올올이 풀어
풍년을 담는 가득한
냉수 사발아.
오늘 나는 늦은 저녁 마을의
두런거림이 되리.
그 무한한 하늘을 보리.

점령
- 중도일보 1976.08.14.

바람 속에 침몰의 빛이 살아 오른다.
獲得의 끈끈한 어깨위로
밤이 파묻히고 있다.
겨울을 떠난, 고단하던 그 눈발의
熱氣를 타고 山脈들이 나부끼고 있다.
검은 하늘 끝을 적시던
지극히 흰 拒否의 손짓과
慾望 아래 쌓이는 온갖 깨달음의 時間
처음 달빛을 깨내던 地圖 위에
빛나는 魂들이 눈을 풀며
아직도 지붕들은 잠이 들지 않는다.
지나간 燈불의 衝動위에
진정 피어오르는 것은 무엇인가.

차가운 얼굴로 찾아 헤매이는
불타는 到達을 끈내고
우리들은 本質을 탐내며 일어섰다.
천길 無心속에 빠져 있는
아름다운 힘만이 갈채가 되어 흩날리고
웅리들은 時間의 살속을
頑强히 점령해 갔다.

江은 山頂을 향하여 흘러가고

山은 江물위에 무수히 떨어져 내리는 활달한
아우성을
그 압도적인 생애를 우리들은
자꾸 점령해 갔다.

줄다리기

- 대전일보 1980.10.15.

대운동회날 한가로운
학교 뒷길에서
두 마리의 개가
줄다리기를 하고 있다.
이겨라 이겨라
아이들의 응원소리가 들려오고
띵 위에 햇빛이 닿는 아름다움을
구경하며
투명한 바람이 인다.
만국기가 펄럭이는 가을 사이로
운운동장에선 공굴리기가 한창이고
스피커가 내빈 경기를 안내할 때
준비를 끝낸 어른들은
2인3각의 발을 묶으며
험험 헛기침을 한다.
대 운도오히날 만세소리 넘치는
학교 뒷길에
개 두 마리가 즐겁게
누가 이기는 게임인지 알 수 없는
줄다리기를 하고 있다.

진달래는 피어서
- 한국일보 1974.03.29.

실안개 나는 산 등성으로
목이 쉰 잔달래를 보러 갔었지.
꽃잎마다 서럽게 묻어있는 두견새 울음
진홍으로 가슴에 불이 드는 향기를
치맛자락 가득히 누이의 배고픈
손등으로 캐내며
빈 하늘 젖어있는 진달래를 보았지.
철 지난 옷고름에 고인 한숨이
올올이 풀려나와 남긴 자취에
혼곤한 잠이 들어서, 길이 트여서
축축히 웃은 눈가에
먼 江물 소리가 밀리는 것을
여린 등불을 켜 달고 글썽이며, 글썽이며
반가운 소식처럼 한사코 매달리는
아픔 진달래가 피어 있었지.

千年의 빛나는 아침을
- 농업경제신보 1974.01.01. 신년시

눈이 내리네요..
淸新한 아침의 새들이 날아오르는
하늘 깊숙이
千年 대숲이 보이고, 이 나라의 산천이
떠오르고
韓半島의 호랑이가 울고
밝은 산울림이 되어
우리 가슴을 흔드는 흰눈이 내리네요.
너무도 많이 만났던 지난 어둠을 털면서
너무도 많이 잃어버렸던 허전한 손을 펴면서
검은 구름이 있던 자리마다
가장 多感한 분위기로
창문들이 빛나며 열리네요.
보십시오.
한 여름의 지난 바다와 같은
이 新年의 希望들이
强한 野望들이
눈발속에 섞어지는 아름다운 混合을.
한페이지의 國史속에서
하루의 땀 가운데서
한끼의 식탁앞에서
빨붉은 진실을 문지르며 자라 오른 노래를 부르기 위하여
우리들의 얼굴은 어디에서도

끝끝내 우리들의 얼굴이지요.
내리는 눈은 數萬의 살아있는 소리가 되어
추운 땅위의 모든 방마다
단듯한 등불을 밝히는데
이제 신발을 털고 산이 걸어오는 소리를 들어볼까요.
가장 확실한 길을 찾아서
가장 확실한 모습으로
채워지는 사랑을 볼까요.
가장 깨끗한 빛깔로 시작하는 이 아침이
가장 깨긋한 빛깔로 마감하는 저녁이 될 수 있도록
늠름한 박수를 쳐 주어요.
눈발들까지 山川들가지 신명이 나게
속 후련한 갈채를 보내줘요.
모든 量의 보이지 않는 꿈을 부르고
이제 싸늘한 시선들을 풀고
우리의 하늘을 같이 닦아요.
淸新한 아침의 새들이
날아오르는 銀빛 집이 보이고
新生의 꽃대궁이 간직한
은밀한 가슴을 웃어 주어요.
언제나 건강한 열로 속아 올라서요.
조용히 쌓이는 눈의 기끔이 되어
千年 모든 날의 빛이 되어요.

촛불을 마련하고

- 대전일보 1980.12.30.

흰 눈은 처음 우리들의 은총이었죠
어머니의 막막한 기도가
분홍으로 흐르는 아이의 뺨
촛불을 마련하고
젖빛 엽서를 썼죠
마치 피어오르는 마음같이
눈이 내려서
가난한 지붕들을 덮는 시간이었죠
저 높은 고을 향하여 날마다 날아갔죠
그 노래가 가닿는 언저리마다
빛과 사랑이 넘치는 기쁨 때문에
우리들의 눈물은 펄펄 뜨거웠죠
상처받은 사람은 이제
이 세상 온갖것 다 스치며 내리는
눈을 맞고
조용히, 얼굴을 들면 되죠
짧고 짧은 머무름이나
길고 긴 기다림도 지금은 쉬면서
발아래까지 빛납니다
외롭고 축축한 이마를 거치니 손등으로
닦으면서 바라 보았죠
끝없는 길이 끝나는 길과 만나는
눈발 속

우리 착한 아이들이
어머니의 기도위에 꽃잎들을 놓으며
활짝 웃는 저녁을
어두움 처름 우리들의 시작이었죠
소망의 나라
그 발돋움 같이
발돋움 같이.

춤추는 겨울
- 한국일보 1974.12.31. 송년시단

눈발이 춤 출 때
슬픈 노래는 우리 가슴속에서
더욱 진하게 더워졌지요.
罪를 찾아 헤매이는
고단한 발 아래
더럽혀진 것들은 다시
목마른 깨끗함으로
아픈 燈불로 빛났지요.
쓰라리고 쓰라린 눈을 부비며
숙달되지 못한 罰을 견디며
벌거벗은 눈발의 無限을 보았지요.
아름더운 바느질로 깁는
어머니의 겨울에
춤추며 허물어지며
우리는 뜨거운 살로 쌓였지요.

풀밭

- 한국일보 1976.04.24. 봄 시단

내 숨결 닿는 끝에서
풀잎은 유난히 푸른 색을 하고 있다.
돌팔매가 떨어지는 江 물경 위에
하늘은 유달리 파란 깃발을 흔들고 있다.
당당한 봄이 와도
당당하지 못하는 나의 가슴은
지난 겨울의 暴雪을 욕한 탓일까.
그 흰 눈을 사랑하고 있는
작은 풀의 體溫
팔을 벌리면
푸른 봄날의 푸른 가슴을
유난히 빛내며 내게 넘치는
풀밭이 있다.

| 이덕영 시인 연보 |

- 1942년 8월 8일, 충남 대덕군 기성면 원정리 86번지에서 출생
  (부:이규설, 모:김인구 사이의 장남)
- 1955년 기성초등학교 졸업
- 1958년 호서중학교 졸업

- 1962년 대전공업고등학교 졸업
  <고등학교 재학 시에 《머들령 문학회》 창칩회원, 문학 작품 발표>
- 1960년 고등학교 2학년
  4.19 추모시집 『焚香』에 시 「落花의 가슴에」 1편 발표
- 1961년 고등학교 3학년
  강신본 윤 충 이덕영 '3인 시집' 『太陽을 안고』 발간
- 1964년 서라벌 예술대학 졸업
  <재학 시에 신춘문예 당선과 가작 수상>
- 1963년 《한국일보》 신춘문예에 시조 「化石」 당선
- 1963년 《동아일보》 신춘문예에 시조 「꽃」 가작

- 1966년 고려대학교 국어국문학과 수료
- 1966년 문화공보부 신인예술상 수상
- 1967~ 1977년 대전시청 근무
- 1968년 12월 11일 이춘실 여사와 결혼(이윤소 시인)

- 1974년 《호서시선》에 시 5편 발표
- 1974년 충남아동문학회 창립회원

  《푸른 메아리》 창간호(1974)에 동시 발표(창립 회원)

  《푸른 메아리》 2호(1976)에 동시 발표
- 1976년 한국문인협회 충남지부 사무국장
- 1976년 대전시 문화상 수상
- 1976년 첫 시집『한 줄기의 煙氣』발간

  〈시집 발간시의 현재 직책- 시집 표지의 기록〉

  한국문인협회 회원

  한국현대시인협회 회원

  한국시조작가협회 회원

  대전시 문화공보관 재직
- 1977~ 1981년 충청남도 기획관리실 근무
- 1978. 01. 20.『車嶺』창간호에 시조 3편 수록

  〈차령시조시문학회 - 창립회원〉
- 1978년 한국문인협회 충남지부 부지부장
- 1978년 동인지《백지》창립회원으로 작품 발표

- 1981~ 1983년 국회 경제과학분과, 국방분과 보좌관
- 1983년 11월 10일 간경화증으로 서거

  〈향리인 논산시 벌곡면 조령리 선영에 잠듦〉

〈유족 - 배우자 이춘실 여사(이윤소 시인)
장남 이충권, 장녀 이충화, 차녀 이새해〉

| 서거(逝去) 후 기록사항 |

〈이덕영 시인 서거에 따른 추모의 물결〉

- 1983.11.10. 대전일보 - 기사 '시인 이덕영씨 별세'
- 1983.11.10. 대전일보 - 한밭춘추 - 최원규 '젊은 시인의 죽음'
- 1983.11.10. 중도일보 - 신정식 - '우리들 잊지 않으리니'
- 1983.11.10. 중도일보 - 송하섭 - '가슴으로 시 찾기 40년'

- 1993년 유고시집『푸른 것이 더 푸른 날』발간
  〈시집 발간에 참여한 분들〉
  간행위원회 - '서문' 자연과 정서적 동일시의 시
  박명용 - '해설' 목이 쉰 진달래 울음

- 1995.10.29. 11:00 이덕영 시비 제막
  장소 - 대전광역시 대덕구 대청댐 잔디광장(현, 대청공원)
  새김 시 -「신탄진」
  건립문 - 이덕영 시비건립추진위원회 위원장 박명용
  글 - 김용재, 글씨 - 남계 조중국
- 1995.01.25. 대전일보 - '고 이덕영 시비 건립된다'(기자 이름 없음)
- 1995.10.28. 대전매일 - 이광희 기자 - '꽃처럼 살다가 한줄기 연기로'
- 1995.10.30. 대전일보 - 변상섭 기자 - '고 이덕영 시인 시비 제막식 열려'

- 1995. 08. 31. 『대전출신 작고문인현구』 - 이덕영 시 평설

김용재 - '생의 가슴에 꽃피운 자연 서정'

김완하 - '고향 상실과 현실의 고통'

원형갑 - '이덕영의 자연과 탈의미'

- 1996. 11. 30. KBS - 라디오 방송 - 문학의 해 특집

〈'라디오 다큐멘터리' 정겨운 시인 이덕영〉

구성 - 조수연, 출연 - 이춘실, 박명용 시인 등

- 2004. 07. 25. 『대전문학과 그 현장』 - 이덕영 시비 소개
- 2014. 10. 21. 대전중구문화원 뿌리홀

시극 : 이덕영 시인의 사랑과 생애

극본 : 이춘실, 연출 : 노금선

- 2015년 배우자 이춘실(필명-이윤소), 《시와 정신》 신인상
- 2018. 10. 31. '대전문학 연구총서' 『문학으로 찾아가는 대전』

집필 : 이춘실(배우자), 「자연을 노래하는 순수한 시인 이덕영」

배우자의 집필과 함께 사진 13점을 소개하여 편집.

- 2021. 02. 25. 배우자 이윤소 1시집 『귀를 두고 내렸다』 발간
- 2021. 12. 01. 계간 《문학사랑》 - 리헌석 평론 수록

「4.-19 혁명과 청소년들의 정서와 지향」- 『焚香』의 이덕영 시를 중심으로
- 2021. 12. 01. 월간 《충청예술문화》 - 리헌석 : 발행인의 편지

'이덕영 시인의 발자취를 따라서'

- 2021. 12. 15. 『이덕영 시 연구』 발간(대표 필자 - 리헌석)
〈문학사랑협의회 - 편집 및 발행, 대전문화재단 지원〉

※ 신문에 발표한 작품은 별도로 본문에 소개하였습니다. 출처와 날짜가 특정되지 않는 작품은 본문 소개에서 생략하였습니다.
※ 이덕영 시인에 대한 정보의 오류, 누락 등은 판권에 있는 주소, 전화, 이메일 등을 통하여 비정해 주시기 바랍니다. 2쇄 발간에 맞추어 성실하게 수정 및 보완하겠습니다.

- 사단법인 문학사랑협의회 드림.

이덕영 시인 작품이 수록된 서책

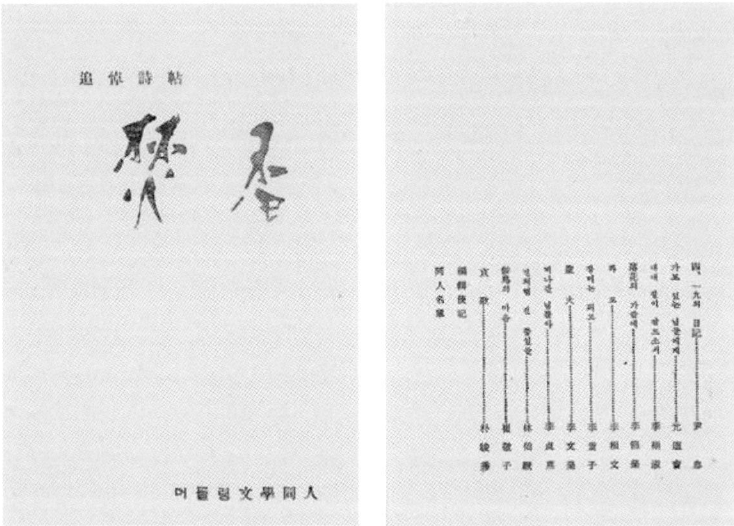

1960년『분향』표지, 목차

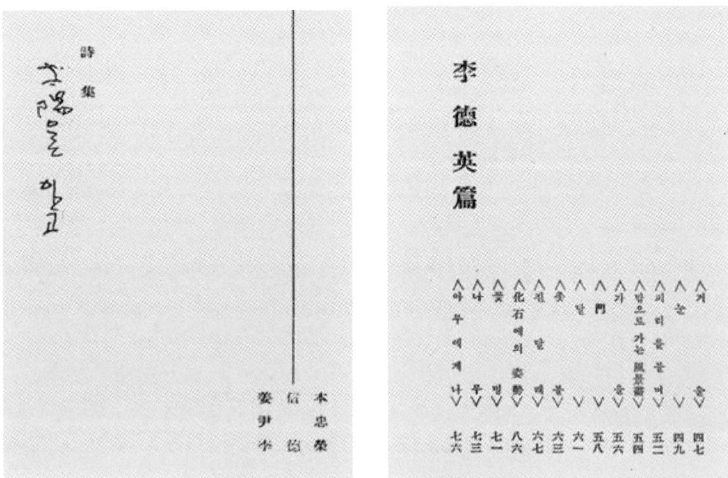

1961년『태양을 안고』표지, 목차

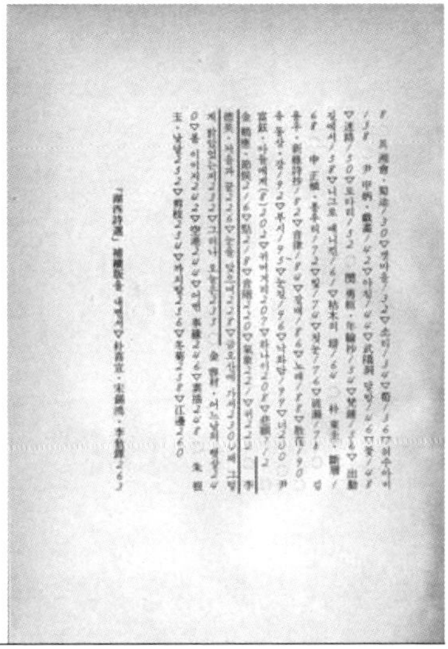

1974년『호서시선』표지, 목차

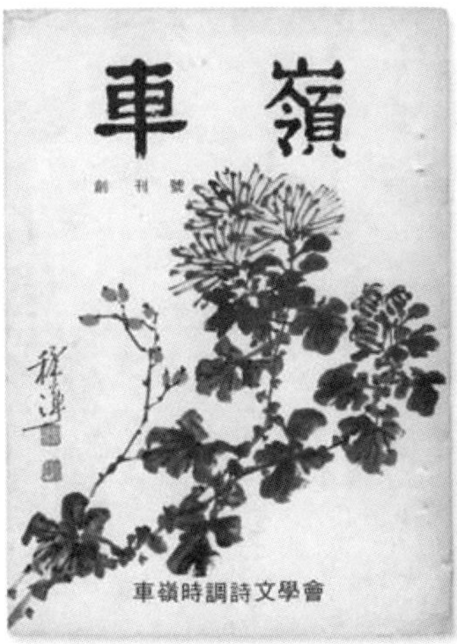

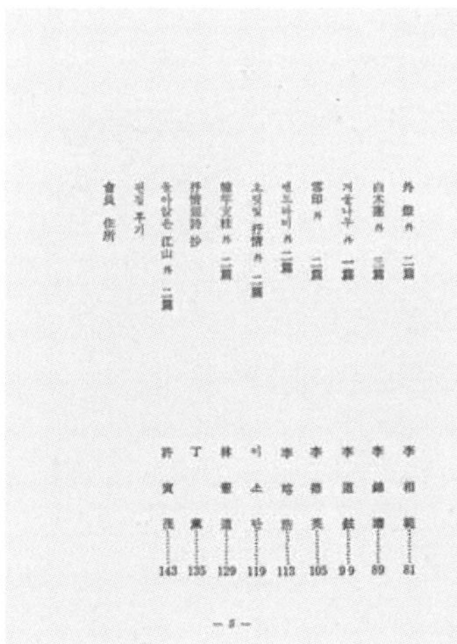

1978년『車嶺』표지, 목차

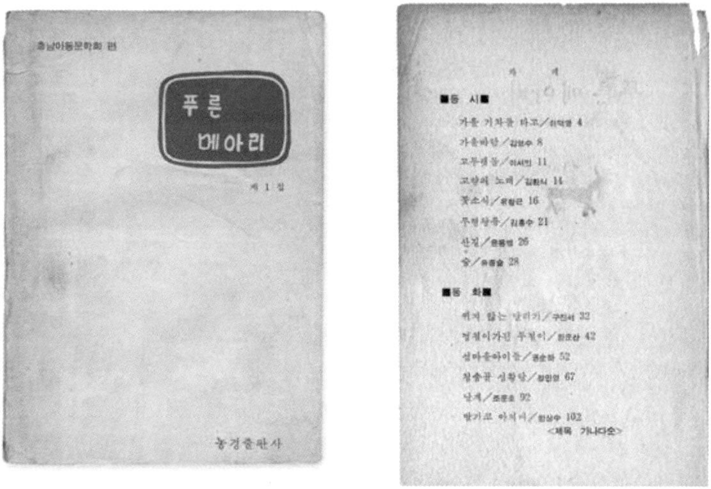

1975년『푸른메아리』1집 표지, 목차

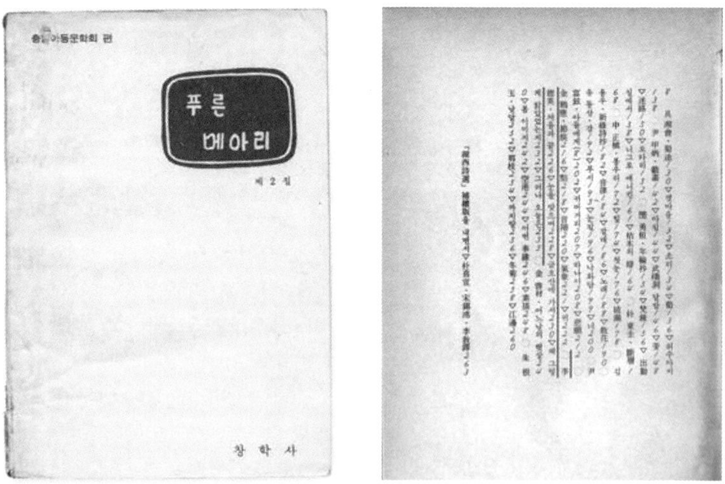

1976년『푸른메아리』2집 표지, 목차

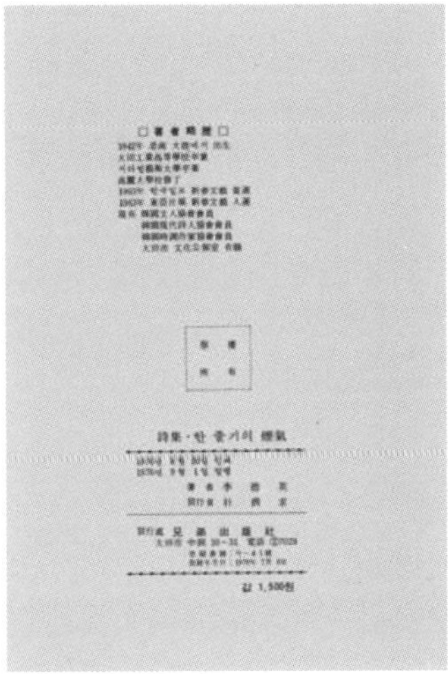

1976년 이덕영 시집 『한줄기의 연기』 표지, 판권

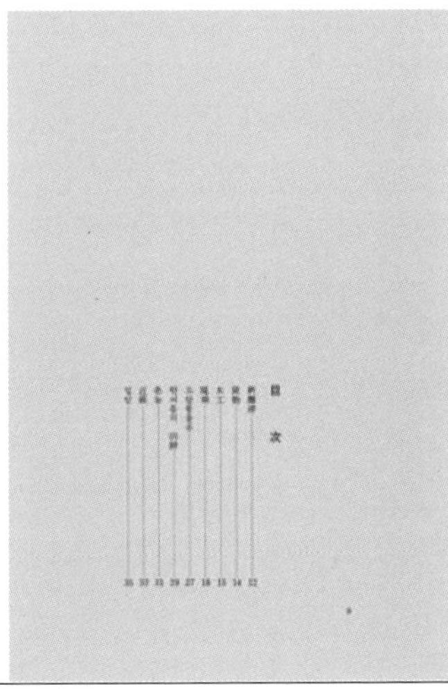

1976년 이덕영 시집 『한줄기의 연기』 목차

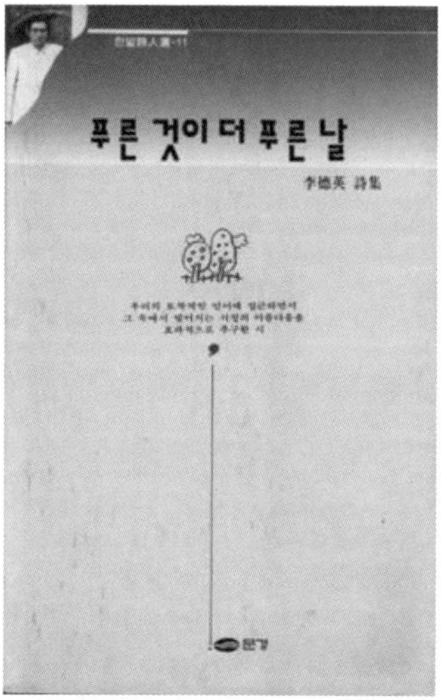

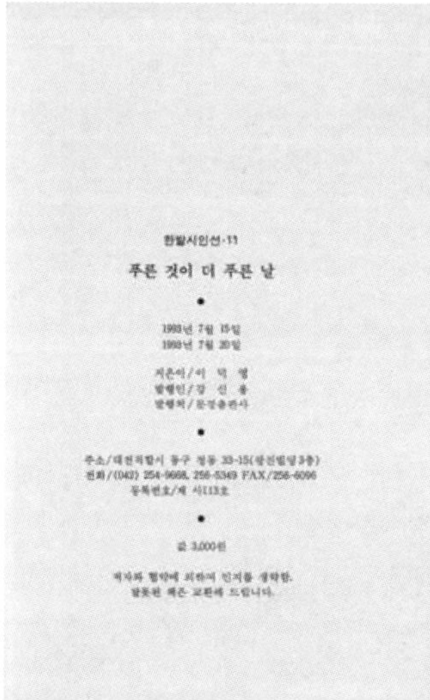

1993년『푸른 것이 더 푸른 날』표지, 판권

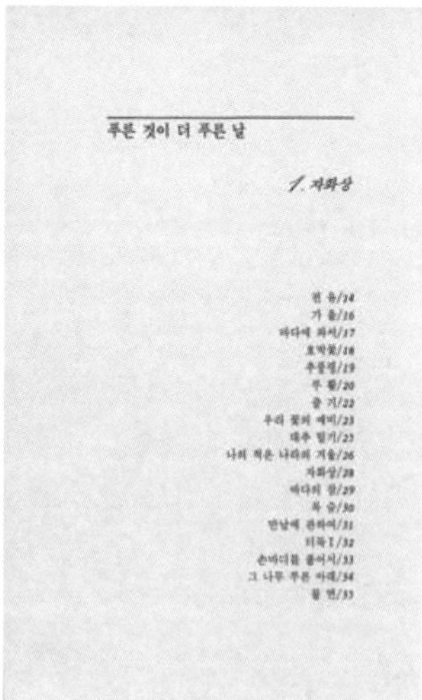

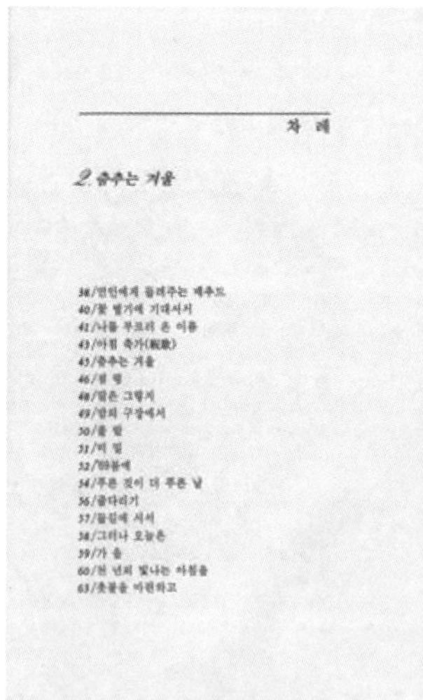

1993년『푸른 것이 더 푸른 날』목차

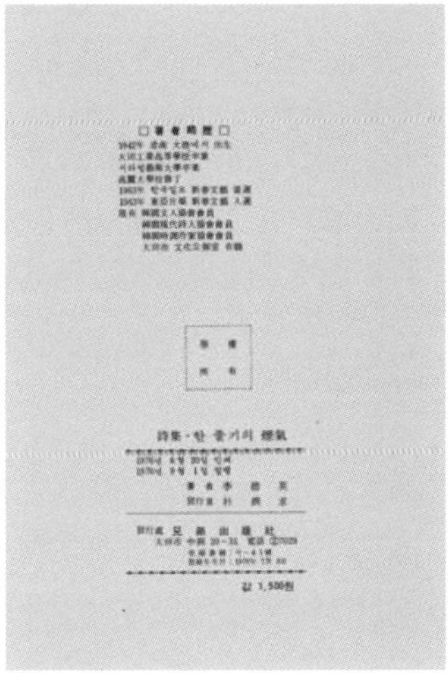

1976년 이덕영 시집 『한줄기의 연기』 표지, 판권

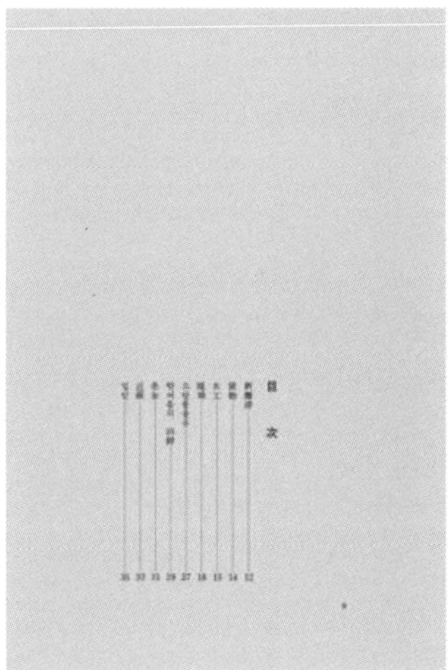

1976년 이덕영 시집 『한줄기의 연기』 목차

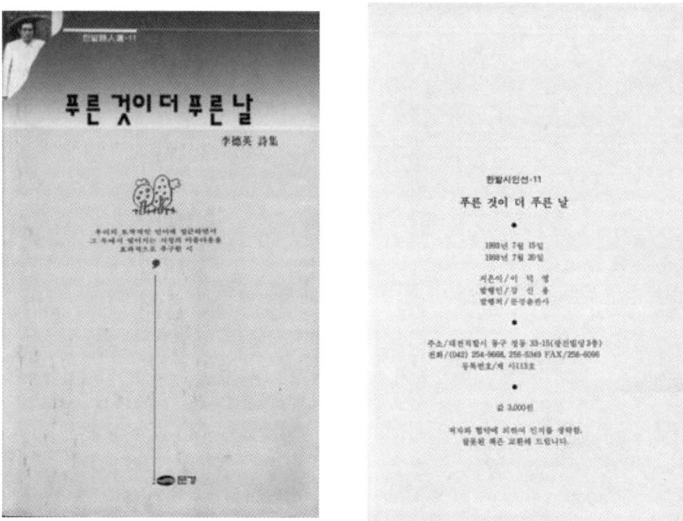

1993년『푸른 것이 더 푸른 날』표지, 판권

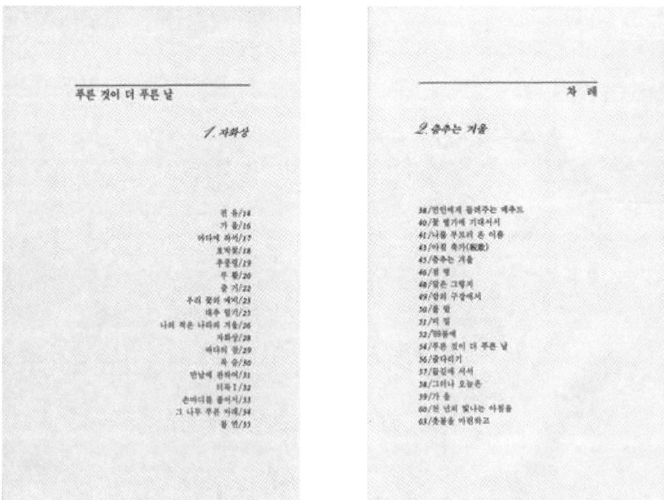

1993년『푸른 것이 더 푸른 날』목차

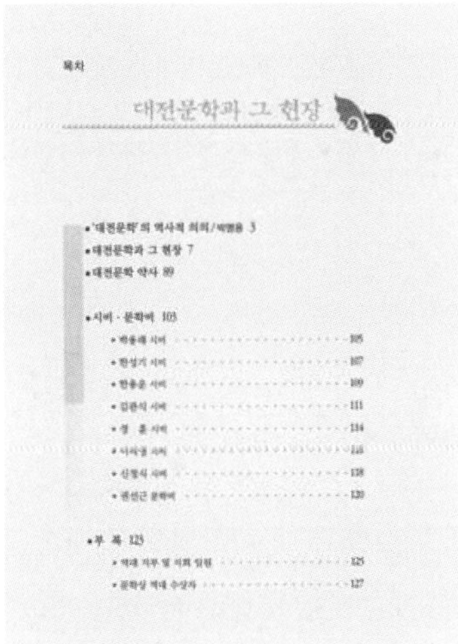

2004년『대전문학과 그 현장(상)』표지, 목차

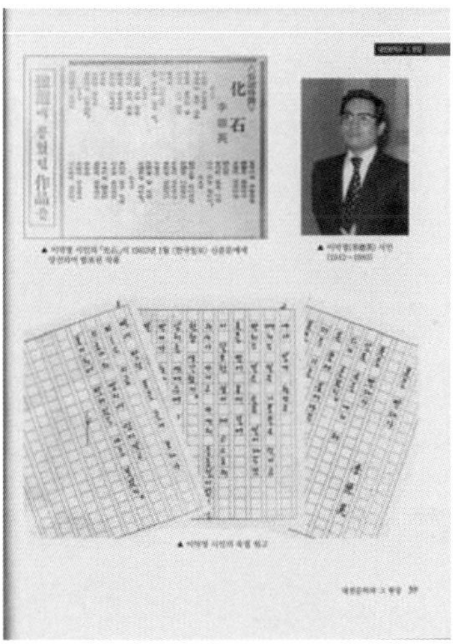

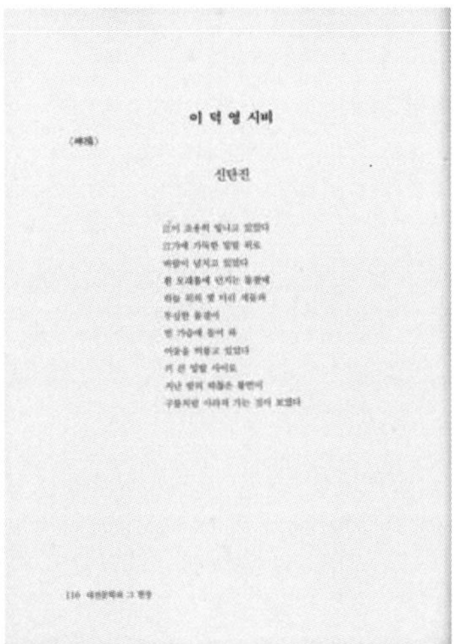

2004년『대전문학과 그 현장(상)』본문 中

편저자 리 헌 석(李憲錫)

- 시인·문학평론가
- 사단법인 문학사랑협의회 이사장
- 충청예술문화협회 회장
- 계간 《문학사랑》·월간 《충청예술문화》 발행인
- 도서출판 오늘의문학사 발행인

서지적 연구 자료

이덕영 시 연구

발 행 일 | 2021년 12월 10일
편 저 자 | 리헌석
발 행 처 | 오늘의문학사
출판등록 | 제55호(1993년 6월 23일)
주 소 | 대전광역시 동구 대전로867번길 52(한밭오피스텔 401호)
전화번호 | (042)624-2980
팩시밀리 | (042)628-2983
전자우편 | hs2980@hanmail.net
카 페 | cafe.daum.net/gljang(문학사랑 글짱들)

편 집 | 국제프린팅
제 작 | 국제프린팅 [T.042-623-9118]

공 급 처 | 한국출판협동조합
주문전화 | (02)716-5616
팩시밀리 | (02)716-2999

ISBN 979-11-6493-176-7
값 22,000원

* 이 책은 대전광역시와 대전문화재단에서 사업비 일부를 지원받았습니다.